키워드로 시작해서 키워드로 끝내는 네이버 SEO 가이드

네이버 키워드

상위노출 비법

| 조영빈 저 |

KB134747

DIGITAL BOOKS
디지털북스

키워드로 시작해서 키워드로 끝내는 네이버 SEO 가이드

상위노출 비법

| 만든 사람들 |

기획 IT·CG기획부 **| 진행** 양종엽 **| 집필** 조영빈

표지디자인 원은영 · D.J.I books design studio **| 편집디자인** 이기숙 · 디자인숲

| 책 내용 문의 |

도서 내용에 대해 궁금한 사항이 있으시면
저자의 홈페이지나 디지털북스 홈페이지의 게시판을 통해서 해결하실 수 있습니다.

디지털북스 홈페이지 digitalbooks.co.kr
디지털북스 페이스북 facebook.com/ithinkbook
디지털북스 인스타그램 instagram.com/digitalbooks1999
디지털북스 유튜브 유튜브에서 [디지털북스] 검색
디지털북스 이메일 djibooks@naver.com
저자 이메일 passionvip@naver.com

| 각종 문의 |

영업관련 dji_digitalbooks@naver.com
기획관련 djibooks@naver.com
전화번호 (02) 447-3157~8

키워드로 시작해서 키워드로 끝내는 네이버 SEO 가이드

네이버 키워드

상위노출 비법

네이버를 마케팅 채널로서 활용하는 다양한 방법이 있지만 필자는 한가지 확고한 생각을 가지고 있습니다.

네이버 마케팅은 "키워드로 시작해서 키워드로 끝납니다" 네이버에는 다양한 섹션/탭이 있습니다. VIEW, 블로그, 카페, 지식인, 쇼핑, 웹사이트, 지도, 뉴스 등. 우리 소상공인과 마케터들이 활용할 수 있는 영역이 굉장히 많이 있고, 이 섹션 별 각각 고유의 알고리즘을 가지고 있습니다.

많은 사람들이 이 영역의 알고리즘을 공부하고 연구하며, '꼼수'를 더해 소위 '상위노출'을 위해 정말 많은 시간과 비용을 사용하고 있습니다. 그리고 이 모든 섹션에는 알고리즘을 관통하는 공통점이 있습니다.

바로 '키워드'입니다. 결국 우리가 상위노출을 하고자 하는 것은 '키워드'입니다. 섹션을 떠나 네이버 마케팅을 할 때는 항상 키워드를 잘 관리할 줄 알아야 합니다. 그래서 필자는 이번 책을 통해서 이 키워드 관리를 위한 프로그램을 소개하고, 활용하는 방법과 관리하는 방법, 그리고 검증된 알고리즘에 대한 내용을 소개해드리고자 합니다.

물론, 필자의 노하우는 프로그램의 업데이트에 따라 활용도가 조금씩 달라지긴 하겠지만 기본적인 본질은 바뀌지 않습니다. 지난 8년 이상 스토어팜과 스마트스토어를 운영해 오면서, 10여 년 동안 네이버 마케팅을 해 오면서 쌓아온 필자의 가장 '기본적인 노하우'이기 때문입니다.

판매자는 항상 이번이 아닌 다음 시즌을 준비해야 합니다. 이번 책에서 필자가 계속해서 다음 시즌을 언급하는 것처럼 새로운 판매자가 되실, 또는 이미 판매자이신 구독자 분들은 항상 다음 시즌을 준비하는 판매자가 되시길 바랍니다.

아마 지금 이 책을 봐주시는 대부분의 구매자 분들은 스마트스토어를 메인으로 부업, 또는 쇼핑몰 운영을 생각 중이신 분들일 거라고 생각합니다. 그래서 가능한 네이버 쇼핑의 SEO에 최대한 결맞는 내용으로 준비했습니다.

추가로 키워드를 정리하면서 블로그와 네이버 검색광고에 세부 키워드로 활용할 수 있도록 하는 소소한 노하우도 같이 포함시켰습니다. 기왕 정리하는 키워드, 네이버 쇼핑 뿐 아니라 블로그와 네이버 검색광고, 쇼핑 검색광고에 활용할 수 있으면 훨씬 관리가 편하고 시간도 많이 절약되기 때문입니다!

또한, 오프라인 마케팅에 꼭 필요한 네이버 지도/스마트 플레이스에 대한 SEO 노하우도 목차에 한 부분에 넣어두었습니다.

이 책의 원고를 마감하는 데는 생각보다 오랜 시간이 걸렸습니다. 필자의 게으름과 나태함이 가장 큰 문제이겠지만, 이 책 한 권으로 네이버 마케팅의 흐름을 잡을 수 있는 방향성을 잡아드리고 싶다는 욕심이 강했기 때문입니다. 비록 책 한권일 뿐이지만, 내용만큼은 기존에 '스마트스토어'나 '네이버 블로그' PDF&VOD 판매자 분들의 자료에 뒤떨어지지 않는다고 생각합니다. 다른 책, E-Book이나 VOD의 안 좋은 후기에 종종 보이는 '유튜브나 검색을 통해서도 쉽게 찾을 수 있는 정보'라는 이야기가 나올 수준의 자료가 아니라는 것에 자부합니다. 오랜 시간 동안 활용해 온 저의 노하우를 담았고, 이번 책을 통해서 처음 공개하는 것이기 때문입니다.

책의 내용에 대해서는 꽤 자부하고 있습니다. 지난 10년이 넘는 시간 동안 네이버 블로그를 운영하고 네이버 마케팅을 하며 8년 이상을 네이버 쇼핑의 판매자로 활동해온 잔 뼈 굵은 마케터이자 판매자거든요.

이 책이 나올 수 있도록 도와주신 디지털북스 출판사분들, 검수를 봐주신 단아쌤 김경은 강사님, 플레이스360 안덕진 대표님, 윤들닷컴 이동윤 대표님, 발크의 이환선 대표님께 감사 인사를 전합니다!

목차

키워드에 대한 이해도 높이기

PART 02 SEO 실전, 상위노출 활용하기

최근의 마케팅 트렌드 : 마케팅 자동화

세상이 많이 바뀌었고, 빠르게 변화하는 중입니다. 어느 날 AI를 탑재한 채팅 서비스인 챗-GPT가 등장하더니 구글에서는 Bard라는 AI 채팅 서비스를 내놓았습니다. 앞으로 진짜 온라인 비서 서비스가 등장할 날이 멀지 않았습니다. 네이버와 카카오도 AI를 기반으로 한 솔루션을 내놓고 있지만 이미 앞서가고 있는 미국의 기업을 따라잡을 수 있을지는 의문입니다. 네이버 마케팅 관련 책에 왜 이런 이야기를 하냐고요? 앞으로 모든 일의 대부분이 AI 솔루션을 활용해서 반 자동화 또는 완전 자동화가 이루어질 거라고 생각하기 때문입니다. 당연히 네이버도 이러한 자동화 솔루션을 판매할 것이고, 사실은 이미 판매하고 있습니다. 아마 많은 분들이 모르실 것 같은데요, 네이버는 현재 스마트스토어 커머스 솔루션(커머스솔루션마켓)이라는 것을 통해 다양한 업무 자동화 서비스를 판매하고 있습니다.

비슷한 상품을 추천해주어서 업셀링을 유도하는 프로그램부터 벌크 메일 및 스텝 메일을 발송할 수 있는 프로그램, 좋은 내용을 담고 있는 리뷰를 상세 페이지의 최상단에 자동으로 배치해서 노출시켜주는 프로그램, 스마트스토어에 상품을 등록하면 블로그 포스팅까지 자동으로 발행되는 프로그램까지 다양합니다. 최근의 마케팅 트렌드를 한 단어로 표현하면 "자동화"인 것 같습니다. 사실 아직까지는 반 자동화 수준이긴 하지만 앞으로 좋은 서비스들이 계속해서 등장할 것이기 때문에 대부분의 업무를 자동화할 수 있는 날이 멀지 않았다고 생각합니다. 필자 책의 핵심 내용을 한 문장으로 표현해보자면, "한 번의 시간 투자로 끝내는 네이버 마케팅(키워드 관리)"라고 하고 싶습니다. 하지만 아마도, 필자 책에 있는 내용의 대부분과 필자의 노하우도 곧 프로그램화 되어 판매가 되어질 것 같습니다. 실제로 현재 개발 단계에 있기도 하고요. 앞으로 더욱 다양한 프로그램들이 등장하여 판매자들이 소위 '노가다'라 불리는 단순 노동에서 해방되어 다른 업무에 투자하는 시간이 많아질 것입니다. 앞으로는 누가 얼마나 더 효율적으로 일하느냐와 자동화 프로그램을 얼마나 잘 사용하느냐가 중요해질 것 같습니다.

최근 구글은 국내에서 구글 쇼핑의 기능과 광고를 강화하면서 국내에서의 구글 쇼핑 점유율도 높이기 위한 활동을 적극적으로 나서고 있습니다. 네이버도, 쿠팡도, 구글도 정확한 쇼핑 데이터를 제공하고 있진 않지만 현재 시장의 분위기는 아래와 같습니다.

- '물티슈'와 같은 생활용품 및 주방용품 관련 다수의 키워드가 네이버에서보다 쿠팡에서 검색량이 더 높습니다.
- 2021년 기준 네이버 쇼핑과 쿠팡의 이커머스 시장 점유율은 각각 17%, 13%였지만 현재는 쿠팡이 더 높아 보입니다.
- 네이버 쇼핑에 포함된 점유율엔 네이버 쇼핑 검색에서 판매되는 쿠팡의 매출도 함께 집계됩니다.
- 구글 쇼핑의 광고가 계속해서 업데이트 되고 있으며,

- 카페24와의 제휴를 통해 자사몰이 있는 판매자를 타겟으로 한 마케팅 활동을 적극적으로 하고 있는 중입니다.
- 유튜브 쇼핑도 생겨났습니다.

조금은 암울한 이야기를 책의 앞부분에서 가장 먼저 말씀드리자면, 네이버를 통한 판매 활동은 점차 어려워지고 있는 것이 현실입니다. 하지만, 그럼에도 불구하고 필자는 판매 활동을 하신다면 "네이버"를 가장 우선적으로 활용하라고 말씀드리고 싶습니다. 마케팅도 물론 "네이버"를 가장 우선적으로 활용하라고 말씀드리고 싶어요.

네이버든, 쿠팡이든, 구글이든 플랫폼을 활용해서 판매를 한다는 것은 결국 "어떤 키워드를 활용할 것이냐"라는 결정의 연속입니다. 이 하나의 결정을 위해 엄청난 시장 조사 과정을 거치는 것이고요. 포털, 쇼핑 플랫폼을 활용한 마케팅도 마찬가지입니다.

그래서 첫 시작은 네이버로 시작하실 것을 강력하게 추천드립니다. 네이버에서는 검색량, 경쟁 정도의 파악이 쉽기 때문입니다. A 키워드가 네이버에서 검색량이 10,000이라면 쿠팡과 구글에서도 10,000건은 아니겠지만 A와 B 키워드를 비교했을 때 A 키워드의 검색량이 더 높다면 쿠팡과 구글에서도 A가 B보다 검색량이 더 높을 가능성이 매우 높습니다.

기본적으로 쿠팡은 검색 데이터를 제공해주지 않으며, 구글은 키워드 검색량을 수치상으로 나타내어 주지 않습니다. 또한, 한국인이 사용하기에는 UI가 네이버가 가장 편리하기도 합니다. 네이버에 익숙해지면 쿠팡과 구글의 사용도 상대적으로 편하게 이용할 수 있게 됩니다. 우리가 네이버를 먼저 공부해야 하는 이유입니다.

책의 구성은 프로그램 활용법 → 키워드 소싱 → 마케팅 → 네이버 SEO 순으로 구성이 되어 있습니다. '노가다', 단순 노동 업무를 줄이는 데에 큰 도움이 되는 프로그램들과 활용법에 대해서 배우고, 좋은 키워드를 발굴하고 관리하는 방법을 배운 후 검색광고 마케팅을 안내 드리고 있습니다. 마지막으로 네이버 SEO를 통해 찾아 놓은 키워드를 다양하게, 효과적으로 활용할 수 있는 방법을 안내 드리고 있습니다. 차근차근 읽어 보시면서, 따라도 해보시면서 필자의 노하우를 터득하고 꼭 활용해 보셨으면 좋겠습니다!

키워드에 대한 이해도 **높이기**

CHAPTER 01

조영빈 강사가 사용하는 프로그램 리스트

5가지 '키워드 관리'용 무료 프로그램 & 사이트

이번 책에서 주로 알려드릴 내용은 '키워드 관리'입니다. 좋은 키워드를 발굴하고, 네이버 쇼핑(스마트스토어)와 블로그, 네이버 검색광고(세부 키워드용)에 어떻게 사용하는지에 대한 A To Z 매뉴얼을 담았습니다. 실제로 제가 광고 대행을 하거나 쇼핑몰을 운영할 때, 키워드를 발굴하고 사용할 때 직접 활용하는 노하우를 담았습니다.

모든 기능을 하나하나 설명하기 보다는 필자가 실제로 사용하고 있는 기능들 위주로 설명을 담았습니다. 필자가 키워드를 관리할 때 사용하는 프로그램 및 사이트는 크게 5가지입니다. 모두 무료로 사용할 수 있으며, 활용도에 따라서 유료로 결제하여 조금 더 편하게 사용할 수 있지만 이번 책에서는 무료기능을 사용하는 방법에 대해서 차근차근 설명해드리겠습니다. 아래는 제가 사용하는 프로그램 및 사이트 리스트입니다.

① 키워드마이닝
② 아이템스카우트
③ 블랙키위
④ 네이버데이터랩
⑤ 네이버 검색광고

이 외에도 판다랭크, 셀링하니 등의 좋은 프로그램들이 많지만 개인적으로 필자가 사용하는 프로그램과 사이트는 위의 5가지이며, 프로그램 및 사이트의 사용은 개인의 취향에 따라 차이가 있다고 생각합니다.

또한, 해당 프로그램과 사이트를 이용한다고 하더라도 모든 기능을 사용하는 것은 아니므로 본인에게 필요한 서비스와 기능을 잘 선별하여 취사 선택하여 사용하시기 바랍니다.

지금부터는 필자가 사용하는 프로그램의 각 특징과 장점, 그리고 제가 주로 사용하는 기능에 대해서 설명해드리도록 하겠습니다.

1-1. 키워드마이닝

https://www.smallmkt.com

01. 키워드마이닝의 주요 기능 _ 키워드 실시간 순위 조회

▲ 키워드마이닝 〉 키워드 실시간 순위 조회

스토어 이름과 키워드를 입력하고 〈순위조회하기〉를 누르면 현재 키워드의 순위를 파악할 수 있습니다. 경쟁사와 내가 운영하고 있는 스토어의 키워드 순위를 가볍게 모니터링하기에 좋은 기능입니다. 물론, 경쟁사 스토어의 키워드 순위 또한 모니터링이 가능합니다.

02. 키워드마이닝의 주요 기능 _ 랭킹 추적

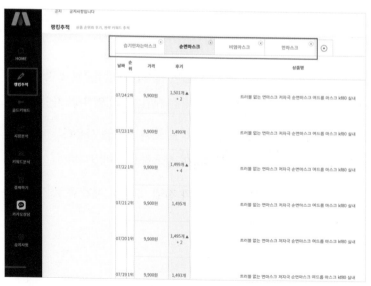

▲ 키워드마이닝 〉 랭킹 추적

내가 운영하고 있는 스토어의 키워드 순위를 일별로 파악할 수 있는 기능입니다. 또한, 후기수나 상품명, 태그 변화도 함께 기록되어서 상품명이나 태그 변화에 따른 키워드 순위 변동도 한 눈에 파악할 수 있습니다. 상위노출 키워드의 관리에 매우 용이합니다.

해당 기능을 활용하여 순위가 빠지는 키워드가 있다면 해당 키워드에 광고를 붙여주거나 트래픽/구매 유도를 통해 순위를 유지 및 다시 상승할 수 있도록 관리해주어야 합니다.

상품명, 태그 수정시 순위가 급락하는 경우가 있는데 이 기능을 사용 등록해 놓으면 언제든 수정 전으로 롤백시키기 편안합니다.

03. 키워드마이닝의 주요 기능 _ 골드 키워드

▲ 키워드마이닝 〉 골드 키워드

키워드마이닝에서 가장 추천하는 기능입니다. 사실상 제가 키워드마이닝에서 유일하게 사용하는 기능이라고 해도 무방합니다. 내 상품(또는 메인 키워드)가 속해 있는 카테고리를 선택하면 해당 카테고리 내에 골드 키워드 데이터를 제공해주는데, 골드 키워드란 최근 검색량이 급증한 키워드를 의미합니다. 키워드마이닝에서는 이 골드 키워드를 〈NEW 골드키워드〉 〈급상승 골드키워드〉 〈급하락 블랙키워드〉 이렇게 세 가지를 제공해주고 있습니다.

NEW 골드키워드와 급상승 골드키워드를 활용하여 새로운 키워드를 발굴하는 데에 용이합니다.

- **New 골드키워드**: 어제(조회 기준 하루 전) 대비 검색량이 급증한 키워드 리스트입니다. 급작스런 이슈 키워드가 많이 떠오르는 편이며, 다른 경쟁사가 많이 사용하지 않고 있는 키워드가 제공되는 경우가 많습니다.

- **급상승 골드키워드**: 어제(조회 기준 하루 전) 대비 검색 순위가 급증한 키워드 리스트입니다. 어제보다 오늘 사람들이 검색을 많이 한 키워드를 제공해주는 기능이며, <랭킹차이>를 통해서 어제 대비 오늘 검색 순위의 차이를 한 눈에 보기 쉽게 제공해주고 있습니다.

제가 가장 많이 보는 기능이며, 이 기능 하나 때문에 키워드마이닝을 이용한다고 해도 과언이 아닙니다. 매일 이 급상승 골드키워드를 모니터링하면서 새롭게 떠오르는 키워드, 수요가 급증한 키워드가 무엇인지 파악합니다. 키워드마이닝을 통해 발굴한, 사용할 수 있는 키워드는 네이버 쇼핑과 블로그 등에 사용하기 위해 노력합니다. 물론, 검색광고에도 추가하면 좋습니다.

- **급하락 블랙키워드**: 급상승 골드키워드와 반대되는 개념입니다. 급상승 골드 키워드가 어제 보다 오늘 검색/수요가 급증한 키워드라면 블랙키워드는 급하락한 키워드를 의미합니다. 해당 리스트에 있는 키워드는 사용을 고민해보는 것이 좋습니다.

04. 키워드마이닝의 주요 기능 _ 시장분석

▲ 키워드마이닝 〉 시장분석

카테고리 내에 Top20+@ 키워드 별로 기간에 따라 〈총 조회수〉, 〈상품 수〉, 〈경쟁강도〉, 〈pc 클릭률〉, 〈모바일 클릭률〉을 확인할 수 있는 기능입니다.

진입하고자 하는 카테고리 내에 키워드의 경쟁강도를 간단하게 파악하기에 좋은 기능입니다.

경쟁강도는 사실 크게 의미가 없는 수치이긴 하지만, 카테고리 별로 경쟁강도가 약할수록 해당 카테고리 상품의 판매자와 판매 아이템 수가 적은 것을 의미하기 때문에 수치적인 데이터만 참고한다면 키워드마이닝의 시장 분석을 통해서 어떤 카테고리로 진입할지 카테고리의 비교 분석도 괜찮은 사전 작업 중에 하나입니다.

05. 키워드마이닝의 주요 기능 _ 키워드 분석

▲ 키워드마이닝 〉 키워드 분석

특정 키워드들의 경쟁강도 현황을 쉽게 볼 수 있는 기능입니다. 키워드 조회수가 증가하거나, 전체 상품 수가 적어지면 경쟁강도가 떨어지게 됩니다.보통 상품수가 적어지는 경우는 거의 없으니 검색량이 증가하고 있다고 판단해도 무방합니다.

그래프 상으로는 우하향 하는 모습(경쟁강도가 줄어드는)을 그려야 수치적인 데이터상으로 진입하기에 좋은 키워드임을 나타냅니다.

부록 1. 경쟁강도에 대하여

경쟁강도란 상품 수를 월간 검색량으로 나눈 것을 의미합니다. 상품 수/월간 검색량이죠. 검색량이 높을수록, 상품 수가 적을수록 0에 가까운 수치로 표기됩니다. 물론 0에 가까울수록 경쟁강도가 낮음을 의미하기 때문에 수치상으로 좋은 키워드라고 볼 수 있습니다.

하지만! 경쟁강도가 낮다고 해서 상위노출이 쉬운 것은 아닙니다. 예를 들어 "써스데이아일랜드원피스" 키워드의 경우 2022년 7월 기준 월간 검색량이 100,000 정도, 상품 수는 13,000정도로 경쟁강도는 0.13으로 매우 낮은 수준을 보이지만, "써스데이아일랜드원피스" 키워드의 네이버 쇼핑 검색 결과 1페이지에 등록된 상품들이 모두 묶음 상품/최저가 등록되어 있다는 점, 상품 등록일이 모두 3개월 이내 최신 상품(롤링이 심함)이라는 점, 리뷰가 수 십 개, 찜하기가 수 백 개가 쌓여 있다는 점을 고려하면 절대로 상위노출이 쉬운 키워드가 아님을 알 수 있습니다.

물론, 브랜드 키워드이기 때문에 해당 키워드를 사용할 수 있는 판매자가 매우 제한적이고, 상품명에 키워드의 활용도도 매우 적어 다른 여타 키워드 보다 상위노출 경쟁이 치열한 편은 아니지만 상위노출을 함에 있어서 경쟁강도가 무조건적인 지표는 아니라는 것을 꼭 알아 두시기 바랍니다.

특정 키워드의 상위노출을 위해서는 SEO/트래픽/구매/전환율/인기도 등의 복합적인 데이터를 고려해야 하며, 키워드에 따른 '검색 의도'라는 것도 존재하기 때문에 검색량이 많고, 상품 수가 적다고 해서 무조건 매출이 발생하는 키워드가 아니라는 사실을 꼭 기억해주시기 바랍니다.

경쟁강도만을 따진다면 현재 네이버 쇼핑에서 가장 진입하기 좋은 카테고리의 상품군&키워드는 식품, 특히 농/축/수산물 관련 카테고리가 가장 좋습니다.

키워드마이닝의 장점 & 조영빈 강사의 평

키워드마이닝은 아직은 조금 불안정합니다. 골드 키워드 이용 시 세부 카테고리의 선택이 잘 안 되는 경우도 있습니다. 공지 사항을 통해 차츰 개선 중이라고 하니 불편한 부분들이 해소가 된다면 저의 '원픽' 프로그램이라고 할 수 있습니다. 실제로 제가 키워드를 선별할 때 가장 '먼저' 사용하는 프로그램입니다.

키워드 선별 시 가장 먼저 사용하는 프로그램이라는 의미는, 여기에서 선정한 키워드를 당분간(메인 급 키워드를 공략하기 전까지) 메인 키워드로 마케팅을 진행한다는 것을 의미합니다.

실제로 제가 현재 판매중인 면마스크 제품이 있습니다. 지금은 남은 재고만을 판매하고 있는 상황이라 키워드 상위노출이 많이 떨어졌지만 한 때 대표 키워드인 "면마스크" 키워드 2위를 했었고, 지금도 "순면마스크" 키워드는 1위를 하고 있는 상품이 있습니다.

해당 상품을 처음 등록했을 당시 메인 키워드로 사용했던 키워드가 "습기안차는마스크" 키워드로, 키워드마이닝에서 발굴했던 키워드입니다. 급상승 골드 키워드에서 발굴했던 키워드로, 한참 마스크로 인해 습기가 발생해서 불편해지기 시작하는 늦가을에 발견한 키워드입니다. 해당 키워드로 겨울 동안 잘 활용해서 많은 판매를 했습니다.

앞에서도 언급했지만 주로 골드 급상승 키워드를 많이 사용하는데, 어제 보다 오늘 순위가 많이 상승한 키워드를 매일, 꾸준히 모니터링 하면서 좋은 키워드를 선발합니다. 보통 새로운 상품으로 새롭게 판매를 시작할 때는 이미 기존 판매자가 존재하는 후발대일 수밖에 없습니다. 충분한 예산을 바탕으로 광고와 마케팅을 할 수 있다면 후발대로 시작해도 큰 상관이 없지만, 그렇지 못한 대부분의 소상공인과 초보 판매자는 처음부터 '메인 급' 키워드를 공략할 수 없습니다.

어쩔 수 없이 서브 키워드부터 공략을 하는 도장 깨기 전략이 좋은데, 이 때 골드 키워드를 활용해서 점차 떠오르는 키워드 즉, '아직 공급은 많지 않지만 수요는 점점 증가하고 있는' 키워드를 활용하는 것이 좋습니다. 이런 키워드를 찾아주는 것이 바로 키워드마이닝의 골드 키워드 기능입니다.

여기서 찾은 키워드를 '당분간' 메인 키워드로 사용하면 좋습니다. 어차피 '메인 급' 키워드는 상위노출을 하지 못하니까요. 공급은 적고 수요는 점점 많아지는 골드 키워드이자 경쟁강도가 낮은 키워드를 활용해서 상위노출을 시켜 판매 점수를 쌓아 나가면서 전략적으로 메인 급 키워드들을 하나씩 먹어 나가는 전략이 필요합니다.

1-2. 아이템스카우트

https://itemscout.io/

01. 아이템스카우트의 주요 기능 _ 아이템발굴(인기 키워드)

▲ 아이템스카우트 › 아이템 발굴 › 인기 키워드

아이템스카우트는 디테일한 필터링을 가지고 키워드를 조회할 수 있다는 장점을 가지고 있으며, 키워드마이닝과 아이템스카우트 모두 네이버 쇼핑 키워드 베스트 500의 API 데이터를 기본으로 활용하고 있습니다.

또한, 경쟁강도 조건 값도 설정할 수 있어서 경쟁강도가 낮은 키워드들을 우선적으로 선발하여 볼 수 있다는 장점도 있습니다. 이 외에도 검색광고를 활용할 때 해당 카테고리의 검색광고별 키워드 광고의 CPC(Cost Per Click/클릭 당 비용) 단가 형성이 얼마나 되어 있는지 대략적으로 판단하기에 좋은 데이터도 제공해주고 있습니다. 검색광고의 광고 단가는 경쟁사들이 키워드 상위노출을 위해 클릭당 얼마 정도의 비용을 사용하고 있는지를 나타내고 있는지에 대한 지표입니다. 내가 만약 검색광고를 한다면 얼마나 많은 광고비를 지출해야 할지에 대한 어림짐작을 가능하게 해줍니다. 또한, 해당 키워드의 경쟁이 얼마나 치열한지에 대한 지표이기도 합니다.

02. 아이템스카우트의 주요 기능 _ 아이템발굴(주제별 키워드)

▲ 아이템스카우트 〉 아이템 발굴 〉 주제별 키워드

키워드마이닝의 골드 키워드와 비슷한 기능입니다. 같은 원리로 골드 키워드를 추천해주는 기능이며, 키워드마이닝 보다 조금 더 디테일한 설정이 가능합니다. 골드 키워드를 한 눈에 볼 수 있다는 장점을 가지고 있습니다. 아이템스카우트는 키워드 별 즐겨찾기가 가능해서 추후에 내가 저장해 놓은 키워드를 한 번에 파악할 수 있다는 장점도 가지고 있습니다.

키워드를 그룹 별로도 관리할 수 있어서 여러 카테고리의 제품을 판매하는 판매자라면 훨씬 유용하게 활용할 수 있습니다. 다양한 상품을 취급하는 위탁판매 셀러에게 정말 편리한 기능입니다.

아이템스카우트의 경우 키워드 관리 프로그램이나 사이트 중 가장 큰 규모의 업체 답게 가장 많은 기능 업데이트를 빠르게 해주고 있습니다. 경쟁사가 좋은 기능이 있다면 마다하지 않고 비슷한 기능을 들여옵니다. 아이템 발굴의 주제별 키워드 역시 키워드마이닝의 기능을 그대로 가져온 것이라 볼 수 있습니다.

03. 아이템스카우트의 주요 기능 _ 상품발굴

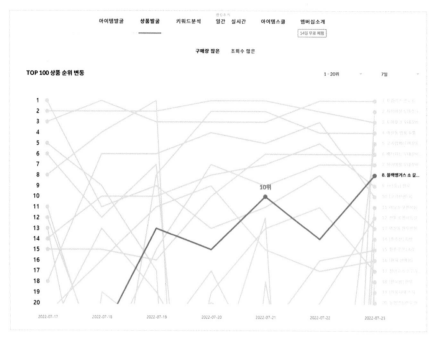

▲ 아이템스카우트 〉 키워드 분석 〉 상품 순위 변동

카테고리별 인기가 많은 쇼핑몰과 상품의 데이터를 알려주는 기능입니다. 선택한 카테고리 내의 시장에서 현재 인기가 많은 상품은 무엇인지 파악하고 모니터링하기에 좋은 기능이며, 위의 그래프처럼 우상향 하고 있는 모습의 그래프를 그리고 있는 제품들이 무엇인지 눈 여겨 보는 것이 좋습니다.

저렇게 우상향 하고 있는 제품들의 공통적인 특징을 찾게 된다면 현재 카테고리 내의 시장에서 어떠한 특징을 가지고 있는 상품이나 서비스가 인기가 많은지에 대한 분석이 가능하겠죠? 상품을 소싱할 때 앞으로 판매하기에 유리한 아이템이 무엇인지 파악하기에 좋습니다.

앞 전의 키워드마이닝의 아이템 발굴 기능을 통해서 찾아 놓았던 키워드들과 비교 분석하면서 어떠한 종류의 상품과 키워드에 집중하면 좋을지에 대한 방향성을 파악하기에 좋습니다.

▲ 아이템스카우트 〉 키워드 분석 〉 키워드 분석(매출 데이터)

개인적으로 아이템스카우트에서 가장 많이 사용하는 기능입니다. 키워드마다 실제 매출로 얼마나 연결이 되는지 대략적으로 알 수 있습니다. 물론 정확한 데이터는 아니니 참고만 해주시면 됩니다. 예를 들어, "소갈비살 추천" 키워드를 아이템스카우트에 키워드 분석에 검색해보면 top40 6개월 매출이 58,173만원이라고 합니다. 하지만 우리는 "소갈비살 추천"이라는 키워드를 네이버 쇼핑에 검색하지 않습니다. 보통 정보를 찾기 위해서 네이버 통합검색이나 VIEW 탭에 검색하죠.

"한복", "청바지", "생활한복" 세 가지 키워드의 Top40 6개월 매출은 각각 얼마일까요?

아마 많은 분들이 청바지가 압도적으로 매출이 높을 것이라 생각할지 모르겠습니다.

"청바지"는 45,481만원, "한복"은 58,633만원, "생활한복"은 36,526만원입니다. 물론 실제 매출 데이터가 아닌 추정 데이터이기 때문에 100% 신뢰할 순 없지만, 한복 키워드의 매출이 청바지 키워드보다 높다니, 조금 놀라운 결과 아닌가요?

우리는 키워드 마다 고정 관념이 있을 수 있습니다. A키워드는 매출이 높고, B는 매출이 낮을 것 같다는, 감에 의존한 추정을 합니다. 실제로 매출이 나오지 않는 키워드인데 매출이 잘 나올 거라 생각하거나 실제로 매출이 나오는데 매출이 잘 나오지 않을 거라 생각하는 경우죠. 앞으로 키워드를 바라볼 때는 이러한 생각은 접어두시기 바랍니다. 아이템스카우트를 통해 데이터로서 확인할 수 있으니까요!

네이버 마케팅 강의를 할 때, 특히 키워드 관리를 주제로 한 마케팅 강의를 할 때 항상 하는 말이 있습니다. "고정관념을 버려라", "객관적인 지표를 봐라", "데이터로 봐라" 판매자의 주관이 개입되는 순간 시장의 흐름과는 반대되는 방향으로 흘러갈 수 있기 때문입니다. 판매자와 마케터는 본인의 '감'은 믿되 객관적인 데이터를 무시해선 안 됩니다.

그런 의미에서 아이템스카우트의 매출 데이터는 '키워드의 가치'를 나타낸다고 보시면 되겠습니다.

신규 판매자나 초보 판매자일수록 Top40 6개월 매출과 Top80 6개월 매출 간의 숫자 차이가 큰 키워드를 선별하는 것이 좋습니다. Top40 6개월 매출과 Top80 6개월 매출의 차이가 적을수록 상위노출된 업체의 판매가 많이 몰린다는 것을 의미하기 때문입니다.

Top40 6개월 매출과 Top80 6개월 매출의 차이가 클수록 구매자들이 상위노출 상품을 포함한 다른 상품도 많이 찾아본다는 것을 의미합니다.

오른쪽엔 연관 키워드 데이터도 함께 제공됩니다. 해당 데이터는 네이버 쇼핑에 키워드 검색시 쇼핑 연관으로 뜨는 키워드들의 데이터입니다.

05. 아이템스카우트의 주요 기능 _ 키워드 분석 – 종합 지표

▲ 아이템스카우트 〉 키워드 분석 〉 종합 지표

상품/광고/컨텐츠에 대한 종합 지표와 함께 키워드의 섹션과 탭의 순서를 알려줍니다. 마찬가지로 참고용 데이터입니다. 상품 종합 지표는 대체로 경쟁강도를 의미하고, 광고 종합 지표는 대체로 검색광고 평균 CPC와 쇼핑 클릭률을 나타냅니다.

광고 종합 지표에서는 주로 해당 키워드를 선점하기 위해 다른 경쟁사들이 얼마나 많은 비용을 소진하는지에 대한 대략적인 정보를 파악하기 위해 활용하며, 정확한 정보는 네이버 검색광고에서 확인합니다.

컨텐츠 종합 지표는 컨텐츠의 경쟁강도를 의미합니다. 네이버 블로그나 카페, VIEW도 마찬가지로 쇼핑 경쟁강도를 [쇼핑 수/월간 검색수] 데이터로 파악했던 것처럼 [콘텐츠 발행 수/월간 검색수]로 나누어 경쟁강도를 파악합니다.

키워드 분류는 크게 쇼핑성과 정보성이 있는데, 쇼핑성은 쇼핑을 하기 위한 검색 의도를 가지고 검색하는 키워드를 의미합니다. 정보성은 정보 검색을 위한 검색 의도를 가지고 검색하는 키워드를 의미합니다. "소갈비살"이라는 키워드는 소갈비살을 구매하기 위한 검색 의도를 가지고 검색하는 키워드이니 쇼핑성 키워드로, "소갈비살 굽는법"이라는 키워드는 소갈비살을 맛있게 굽는 방법을 찾아보기 위한 검색 의도를 가지고 검색하는 키워드이니 정보성 키워드로 분류합니다. 키워드 마다 검색 의도가 각각 다르다는 점을 꼭 기억해주세요!

섹션은 네이버 검색 시 나타나는 섹션 순서로, 우리 입장에서는 당연히 쇼핑 섹션이 1위로 뜨는 키워드를 우선적으로 활용하는 것이 좋습니다.

탭은 네이버 검색 시 검색 창 하단에 나타나는 탭 목록 순서입니다. 섹션과 탭은 유저들이 특정 키워드 검색 후 가장 많이 찾는 영역인지 무엇인지에 대한 누적 데이터의 결과물입니다.

06. 아이템스카우트의 주요 기능 _ 키워드 분석 – 종합 차트

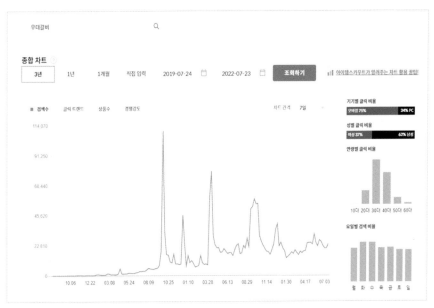

▲ 아이템스카우트 〉 키워드 분석 〉 종합 차트

키워드의 최근 검색 쿼리를 확인할 수 있는 종합 차트입니다. 이 외에도 클릭 트렌드(클릭률), 상품 등록 수, 경쟁강도, 그리고 요일 별 검색 비율과 연령/성별 비율 데이터를 제공해줍니다.

검색수와 클릭 트렌드는 당연히 우상향하는 그래프의 모양을 그리는 키워드가 좋습니다. 상품수와 경쟁강도는 수치가 적을수록 좋습니다.

연령/성별 클릭 비율을 통해서 해당 키워드의 주 타겟을 어떻게 설정해야 할지에 대한 방향성도 잡아낼 수 있습니다.

키워드의 검색 쿼리는 해당 키워드의 수요를 나타냅니다. 지난 1년~3년의 데이터를 보면서 특정 시즌(계절)에 검색량의 증감을 파악할 수 있고, 해당 키워드의 수요가 전체적으로 상승하는지 하락하는지에 대해서도 파악할 수 있습니다. 우하향하는 그래프를 그리는 키워드는 가능하면 소싱을 피하는 것이 좋습니다. 공급은 계속 유지되거나 많아질 가능성이 높지만, 수요는 떨어질 것을 의미하기 때문입니다. 보통 이런 시장에서는 기존의 판매자들이 남은 재고를 털어 내기 위해서 가격을 낮추어 판매해 전체적인 판매 마진을 떨어뜨리는 경우가 많습니다.

해당 데이터는 네이버 데이터랩을 통해서도 확인할 수 있지만 아이템스카우트의 UI가 단순하게 구성되어 있어서 확인하기 편합니다.

아이템스카우트의 장점 & 조영빈 강사의 평

아이템스카우트는 현존하는 키워드 관리 프로그램 중 가장 많은 사용자를 보유하고 있습니다. 계속해서 새로운 기능들을 업데이트 하는데, 경쟁 프로그램이나 사이트의 좋은 기능들을 벤치마킹 하여 아이템스카우트에 추가하는 모습을 보입니다. 사실상 이 프로그램 하나만 제대로 쓸 줄 알면 거의 모든 키워드 관리 프로그램을 다루는 것과 마찬가지입니다.

다만, 특별히 뛰어난 기능이 있는 것은 아니다 보니 아이템스카우트의 모든 기능은 다른 대체 프로그램이나 사이트가 있습니다. 그래서 저는 항상 키워드 관리 프로그램에 대해서 '취향 차이'라는 이야기를 합니다. 저는 여전히 아이템스카우트 보다는 키워드마이닝의 사용이 편합니다. 같은 원리의, 같은 기능을 가지고 있지만 키워드마이닝의 사용이 더 익숙하고 편하기 때문입니다.

아이템스카우트는 김경은 강사님과 제휴가 되어 있는 프로그램입니다. 김경은 강사님의 추천 코드를 발급 받으면 유료 서비스(4주)를 이용할 수 있습니다. 어느 정도 아이템스카우트의 사용이 익숙해지고 운영하고 있는 스마트스토어의 매출이 발생하고, 상품 수가 많아지면 유료 기능을 활용해보실 것을 추천하고 싶습니다.

- 아이템스카우트에 추천인으로 'danasam'을 입력해주시면 유료 서비스를 일정 기간 동안 무료로 사용하실 수 있습니다.

1-3. 블랙키위

https://blackkiwi.net/

01. 블랙키위의 주요 기능 _ 키워드 분석 – 기본 정보

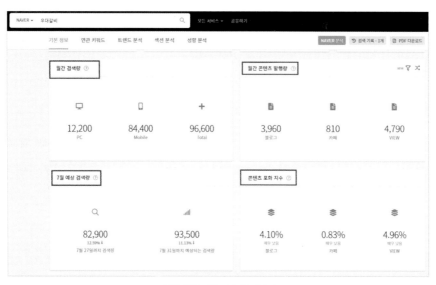

△ 블랙키위 > 키워드 분석 > 기본 정보

월간 검색량과 월간 콘텐츠 발행량(블로그)를 쉽게 볼 수 있는 기능입니다. 개인적으로 간단하게 키워드의 조회수를 파악할 때 블랙키위를 많이 활용하는 편입니다. 월간 콘텐츠 발행량을 통해서 현재 키워드의 블로그 경쟁 상황도 파악할 수 있기 때문에 블로그를 하는 분들에게 블랙키위는 필수 프로그램입니다. 앞으로 블로그 운영도 하실 여러분께도 꼭 필요하겠죠?

- **월간 검색량**: 한 달간 해당 키워드를 검색한 검색량입니다.
- **월간 콘텐츠 발행량**: 해당 키워드가 포함된 블로그/카페/VIEW 콘텐츠의 월간 콘텐츠 발행수입니다.
- **O월 예상 검색량**: 해당 조회 월의 1일부터 검색한 날짜까지의 검색 데이터를 기반으로 해당 월 마감일까지의 예상 검색량 예측치입니다.
- **콘텐츠 포화 지수**: 경쟁강도와 같은 의미를 지니고 있습니다. 조회수 대비 콘텐츠 발행량이 높은지 적은지에 대한 수치이며, 낮을수록 좋은 키워드를 의미하며 블로그에 활용하기 좋은 키워드입니다.

02. 블랙키위의 주요 기능 _ 키워드 분석 – 연관 키워드

▲ 블랙키위 〉 키워드 분석 〉 연관 키워드

검색한 키워드의 연관 키워드를 보여줍니다. 여기에서 또 다른 메인 키워드나 세부 키워드를 찾을 수 있습니다. 또한, 마음에 드는 키워드를 클릭하면 해당 키워드에 대한 키워드 분석 데이터가 새창으로 열립니다.

오른쪽 상단에 톱니바퀴 모양의 설정 버튼을 누르면 조회할 수 있는 데이터가 나옵니다. 저 같은 경우에는 〈월간 검색량 Total〉과 〈블로그 누적 발행량〉 2가지만을 블랙키위에서 확인하는 편입니다. 원래 〈블로그 월간 발행량〉 데이터도 있었는데 해당 기능은 사라졌습니다.

▲ 오른쪽 상단 컬럼 설정 버튼을 눌렀을 때 나타나는 화면

월간 검색량 pc와 모바일을 군이 구분해서 보지 않는 이유는 고관여/고비용 제품의 키워드가 아닌 이상은 대체로 모바일의 검색이 압도적으로 많은 편이기 때문입니다.

거의 모든 키워드를 '모바일 퍼스트'라는 전제 조건을 두고 total 검색으로 확인해서 검색량을 파악합니다. 블로그 월간 발행량의 조회 기능이 사라진 것은 아쉽지만, 블로그 누적 발행량을 통해서 해당 키워드의 '블로그 경쟁강도'를 파악할 수 있으며, 블랙키위의 홈 화면을 통해서 〈VIEW 월 발행량〉 데이터를 확인할 수 있기 때문에 크게 상관 없습니다.

03. 블랙키위의 주요 기능 _ 키워드 분석 – 트렌드 분석

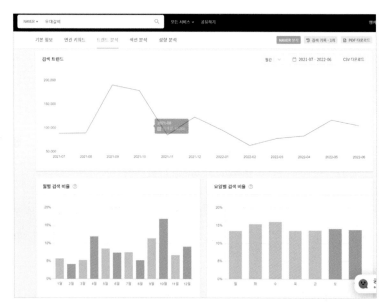

▲ 블랙키위 〉 키워드 분석 〉 트렌드 분석

해당 키워드의 연관 키워드 검색 쿼리, 〈월별 검색 비율〉〈요일별 검색 비율〉을 확인할 수 있습니다.

키워드의 월별 검색량을 파악할 수 있기 때문에 어느 시즌에 해당 키워드의 마케팅에 집중해야 하는지 알 수 있습니다. 아쉬운 건 무료 회원에게는 1년 데이터만 제공된다는 점입니다. 그래서, 아이템스카우트나 네이버 데이터랩을 통해서 3년 이상의 데이터를 확인하실 것을 추천드립니다.

이렇게 프로그램간 서로 제공하는 기능이나 무료 서비스가 다르기 때문에 상호 보완적으로 사용하면 유료 결제를 하지 않고도 충분히 다양한 기능을 무료로 활용할 수 있습니다.

어떤 시즌에 검색량이 급증하고 급감하는지 파악하고 어떠한 이유 때문에 급증/급감하는지에 대한 원인을 파악하고 그에 대한 준비를 하는 것이 중요합니다.

필자가 검색한 우대갈비의 경우엔 요리 유튜버 분들이 많이 활용하면서 뜨기 시작한 상품으로, 구매자들이 캠핑용으로 많이 구매하면서 유명해졌습니다. 그러다 보니 캠핑을 하기 좋은 봄/가을 시즌에 급증하고, 여름/겨울 시즌에 급감하는 모습을 보이고 있습니다.

이러한 데이터를 기반으로 해서 우대갈비의 상품 판매를 준비한다면 캠핑을 컨셉으로 봄/가을의 시즌을 공략하는 것이 좋겠습니다.

04. 블랙키위의 주요 기능 _ 키워드 분석 – 섹션 분석

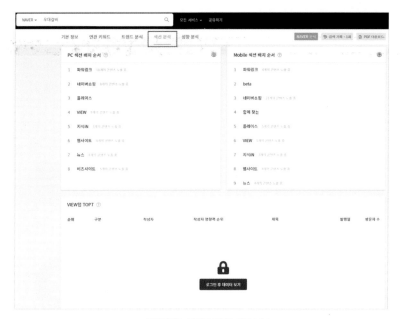

▲ 블랙키위 〉 키워드 분석 〉 섹션 분석

PC/모바일에서의 섹션 배치 순서와 VIEW 탭에서 상위노출을 하고 있는 포스트의 정보를 제공해주는 기능입니다. 섹션 순위의 확인을 통해서 어떤 영역의 마케팅을 가장 우선적으로 생각해야 하는지 파악할 수 있습니다.

섹션 순위가 높다는 것은 곧 해당 키워드를 검색하는 유저들이 가장 많이 찾는 섹션임을 의미합니다.

VIEW 탭 TOP7은 유료 회원에게만 기능을 공개하고 있습니다. 아이템스카우트에서는 무료로 확인할 수 있습니다. 해당 기능은 키워드의 블로그 상위노출 가능성을 파악하는 데에 좋은 기능입니다. 블로그의 경쟁강도가 약하다고 하더라도 파워 블로거 급의 블로거들이 포스팅을 상위노출하고 있다면 키워드를 밀어내기가 힘듭니다. 반대로, 블로그의 경쟁강도가 높다고 하더라도 파워 블로거 급의 블로거들이 포스팅을 상위노출하고 있지 않다면 키워드를 밀어내고 내가 상위노출을 할 수 있습니다.

그래서 블로그 경쟁강도 또한 쇼핑 경쟁강도와 마찬가지로 크게 의미가 없습니다.

상위노출에 있어서 가장 중요한 건 '키워드를 보는 눈'을 기르는 것입니다. 그리고 직접 블로그와 스마트스토어를 운영하면서 "이 키워드는 내 것으로 상위노출이 가능하겠구나"라는 판단력을 기르는 것입니다. 물론 이건 경험 외엔 키울 수 있는 방법이 없습니다. 모니터링을 많이 하고 키워드를 찾는 연습을 많이 하는 것이 중요한 이유입니다.

상위노출을 위한 SEO, 마케팅, 꼼수 등은 이론일 뿐, 실제로 우리에게 필요한 실전은 결국 '키워드를 보는 눈'입니다.

05. 블랙키위의 주요 기능 _ 키워드 분석 - 성향 분석

▲ 블랙키위 〉 키워드 분석 〉 성향 분석

연령별/성별 검색 데이터, 키워드의 이슈성/정보성/상업성 비율을 알려주는 기능입니다. 사실 이슈성/정보성/상업성에 대한 데이터는 신뢰성이 그리 높지 않은 편이라 그냥 단순 참고용으로만 봅니다. 여기에서 보기 좋은 데이터는 연령별/성별 데이터입니다.

우대갈비의 주 고객을 설정할 때는 30대 남성을, 지금까지 찾은 데이터를 더 엮어서 조금 더 니치하게 잡는다면 '캠핑을 좋아하는 30대 남성'이 되겠습니다. 아이템스카우트를 통해서 우대갈비 키워드가 매출도 잘 나온다는 것도 확인했으니 다음 가을 시즌에 해당 아이템을 소싱해서 판매해보는 것도 좋겠습니다.

물론, 우대갈비 키워드가 전반적으로 우하향하는 모습을 그리고 있으니, 우대갈비와 함께 끼워 팔기 좋은(우상향하고 있는, 혹은 이슈성 성격을 가진) 다른 고기나 식품류의 제품을 같이 묶어서 판매하면 좋겠습니다. 제가 살짝 분석해보니 요즘은 소갈비살의 키워드가 우상향하는 모습을 보여주고 있었습니다. 소갈비살과 우대갈비의 소싱이 가능하다면 이 둘을 함께 묶어서 캠핑 세트로 판매하면 좋을 것 같습니다.

여기에 더해 다음 가을 시즌에 조금 더 좋은 이슈성 키워드가 등장한다면 이를 빠르게 소싱해서 함께 묶어 판다면 더 좋은 판매를 기대해볼 수 있겠습니다.

- 사실 시즌 키워드의 활용을 하기 전 스테디셀러 제품을 먼저 준비한 후 시기에 맞는 이슈 키워드를 활용하는 것이 가장 좋습니다. 이유는, 시즌 키워드는 새로운 시즌마다 새로운 경쟁자가 유입되어 네이버 쇼핑 페이지의 롤링이 특정 시즌에 너무 심해 키워드 관리가 어려운 편입니다.
- 스테디셀러/키워드는 항상 관리하기 때문에 롤링 현상에 대비하기가 수월한 편이고요. 소소한 작은 변화에 매 번 대응하면서 롤링에 대한 대응법을 익혀야 큰 변화에 대해서 대응하는 방법을 익히실 수 있습니다.

06. 블랙키위의 주요 기능 _ 키워드 확장

▲ 블랙키위 〉 키워드 확장

왼쪽에 최대 10개의 키워드를 입력하면 해당 키워드와 관련된 연관 키워드 및 세부 키워드를 뽑아주는 기능입니다. 세부 키워드를 뽑기에 좋은 기능입니다.

네이버 검색광고의 세부 키워드용으로 활용하기 좋은 키워드가 많이 나오기도 하지만, 가치 없는 키워드도 많이 나와서 키워드를 골라내는 데에 시간이 많이 소요된다는 단점이 있습니다. 하지만, 다양한 키워드를 쉽게 뽑아낼 수 있다는 장점이 있다 보니 생각지도 못했던 키워드를 발굴해낼 수도 있습니다. 〈CSV 다운로드〉 버튼을 통해서 엑셀 다운로드 받아 키워드를 정리할 수 있습니다. 괜찮은 키워드를 선별해서 키워드를 리스트업 해 놓은 후 추후 필요한 데이터(쇼핑수/월 VIEW 발행수 등)를 정리할 수 있습니다.

07. 블랙키위의 주요 기능 _ 간편 키워드 조회

▲ 블랙키위 〉간편 키워드 조회

여러 개의 키워드에 대한 데이터를 간편하게 확인하기에 좋은 기능입니다. 무료 회원은 5개의 키워드를 동시에 확인할 수 있으며, 멤버십 회원은 50개까지 가능합니다. 개인적으로 멤버십 회원으로 사용한다면 이 기능 때문에 사용할 것 같습니다. 블랙키위에서 가장 간편하면서도 가장 많이 사용하는 기능 중에 하나입니다.

키워드 입력, 조회 시 연관 키워드 리스트가 나오는데, 연관 키워드를 클릭하면 해당 데이터도 하단에 정보가 조회됩니다.

이 기능의 단점이 있다면 25개의 키워드를 조회해 보면 키워드가 하나씩 사라지고 숫자만 25개가 유지됩니다. 그래서 25개의 키워드를 다운로드 받은 후 삭제, 다시 새로운 키워드 25개를 조회 후 다운로드 받는 번거로운 작업을 반복해야 합니다.

08. 블랙키위의 주요 기능 _ 검색기록

▲ 블랙키위 〉검색기록

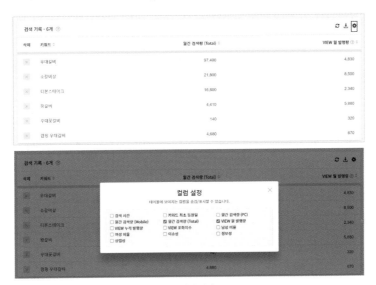

▲ 컬럼 설정

블랙키위를 이용하면서 검색했던 모든 키워드들의 검색기록을 보는 기능입니다. 여기에서 그 동안 검색했던 키워드들의 〈월간 검색량〉과 〈VIEW 월 발행량〉을 확인할 수 있습니다.

톱니바퀴 모양의 버튼의 칼럼 설정 버튼을 통해서 이 외에도 다른 정보들을 확인할 수 있습니다. 필자는 딱 이 두 가지 정보만을 확인하는 편입니다.

그 동안의 검색 데이터를 조회할 항목을 설정하고 오른쪽 상단에 〈CSV 다운로드〉 버튼을 누르면 해당 데이터를 엑셀로 다운로드 받을 수 있습니다. 필자는 엑셀에 숫자 정리를 할 때 블랙키위를 많이 활용하는 편입니다. VIEW 월 발행량, 월간 검색량, 추천 키워드를 빠르게 훑어보기 좋기 때문입니다.

블랙키위의 장점 & 조영빈 강사의 평

블랙키위는 블로그를 하는 분들이라면 필수 프로그램입니다. 〈VIEW 월 발행량〉에 대한 정보를 제공해주기 때문입니다. 필자가 사용하는 프로그램 중에는 유일하게 VIEW 월 발행량수가 나와서 블로그 경쟁강도를 파악할 수 있는 프로그램입니다.

언제부터인가 네이버에서 VIEW 월 발행량수에 대한 조회가 불가능해졌는데 블랙키위를 통하면 VIEW 월 발행량수를 확인할 수 있습니다.

이 블랙키위 덕분에 블로그를 운영할 때 블로그 포스팅 순서를 정할 수 있습니다. 추후 〈목차3-4. 쇼핑/블로그용 키워드 엑셀표 정리하기〉에서 엑셀 파일을 만드는 방법에 대해 설명 드릴 예정인데, 필자가 가장 많이 활용하는 프로그램이 블랙키위입니다. 월간 조회수 데이터와 VIEW 월 발행량을 엑셀로 다운로드 받기가 너무 편하고 이를 활용하기 좋기 때문입니다.

무료로 제공되던 서비스가 점차 유료화가 되면서 또 언제 어떤 서비스가 유료가 될지는 모르지만, 아직까진 무료 서비스만을 사용하더라도 사용하는 데에 부족함 없이 충분히 사용할 수 있습니다. 조금 아쉬운 게 있다면 〈간편 키워드 조회〉 기능이 무료에서는 많이 제한적(25개까지만 조회)이라는 것이 아쉽습니다.

1-4. 네이버 데이터랩

https://datalab.naver.com/

01. 네이버 데이터랩의 주요 기능 _ 검색어트렌드

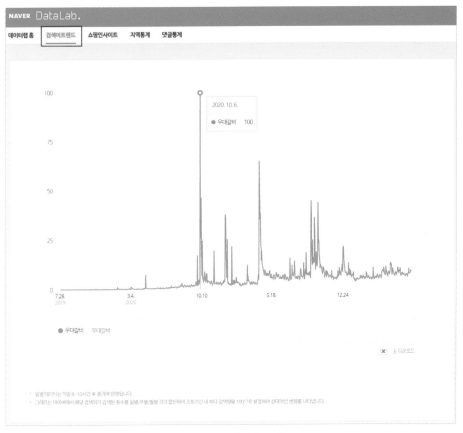

▲ 네이버 데이터랩 〉 검색어 트렌드

특정 키워드의 검색 쿼리를 확인할 수 있는 기능입니다. 2016년 1월 이후 부터의 검색 쿼리를 볼 수 있습니다. 아이템스카우트에서는 무료 회원에게는 3년, 블랙키위는 1년의 데이터를 제공해주지만 네이버 데이터랩의 검색어 트렌드를 활용하면 2016년 1월 이후 부터의 모든 검색 쿼리의 확인이 가능합니다.

키워드 5개를 한 번에 비교할 수 있으며, 키워드의 조회수를 확인하고자 하는 기간과 모바일/pc, 성별, 연령별 조회 데이터를 설정할 수 있습니다. 정확한 검색수는 나오지 않기 때문에 특정 키워드가 급등/급락하는 기간과 우상향/우하향하는 모습을 확인하기에 좋습니다.

▲ 네이버 데이터랩 〉 쇼핑인사이트 〉 분야 통계

네이버 데이터랩에 있는 '분야'는 '카테고리'로 이해하시면 됩니다. 네이버 데이터랩에서 가장 많이 사용하는 기능입니다. 시장의 성장성을 의미하는 클릭량 추이와 함께 기기/성별/연령별 검색 비중, 인기 검색어 데이터를 제공해줍니다. 상단에 조회 항목 옵션 선택을 통해 원하는 조건 값으로의 필터링도 가능합니다.

개인적으로 네이버 데이터랩에서 이 기능을 가장 많이 사용합니다. 해당 카테고리 내에 인기 검색어 TOP500 데이터를 제공해주기 때문입니다. 선택한 기간 동안 가장 인기가 많은 500위의 검색어를 제공해주는데, 사실 TOP50위 정도까지의 순위는 이미 많은 사람들이 찾아서 사용 중인, 이미 많이 판매가 된 키워드이기 때문에 후발대가 진입하기에는 좋은 키워드는 아닙니다.

후발대는 오히려 뒤에서부터 올라오는(500위에 가까운) 키워드에 주목해야 합니다. 점차 검색량이 증가하는 키워드를 선별해서 활용해야 합니다. 이런 키워드가 새로 떠오르는 키워드이기 때문에 경쟁사의 경쟁상품도 적고, 수요(검색량)도 점점 증가할 가능성이 높기 때문입니다.

03. 네이버 데이터랩의 주요 기능 _ 쇼핑인사이트 - 쇼핑분야 트렌드 비교

▲ 네이버 데이터랩 〉 쇼핑인사이트 〉 쇼핑분야 트렌드 비교

카테고리 내에 클릭량이 높은 때가 언제인지를 알 수 있는 지표입니다. 위의 이미지는 〈수입산 쇠고기〉와 〈한우〉의 클릭량 비교 지표를 검색해 본 것입니다. 최근 1년 중 9월과 1월에 클릭량이 가장 높은 것으로 보아 설날과 추석 시즌에 가장 높은 클릭량을 보이는 것을 확인할 수 있으며, 전체적으로 클릭량이 우상향 하는 모습을 보이고 있습니다.

해당 카테고리의 시장성이 나쁘지 않음을 의미합니다. '소고기' 키워드의 검색량도 전반적으로 우상향하는 것으로 보아 아마도 코로나 확진자의 증가세와 더불어 식품을 온라인으로 시켜 먹는다는 것에 대한 인식이 많이 좋아졌기 때문인 것으로 보입니다.

전반적으로 네이버 쇼핑에서는 신선 식품 카테고리의 상품들이 우상향하는 모습을 보이고 있습니다. 상품을 소싱 한다면 신석 식품 카테고리를 염두에 두시는 것도 좋겠습니다.

또한, 신선식품과 같은 면세 상품에 해당하는 카테고리의 상품은 추후 일반 사업자를 낼 때 별도의 면세 사업자를 함께 내는 것이 좋습니다. 개인 판매자로 활동하다가 추후 사업자를 내야할 때 면세 사업자도 내세요!

04. 네이버 데이터랩의 주요 기능 _ 쇼핑인사이트 - 검색어 통계

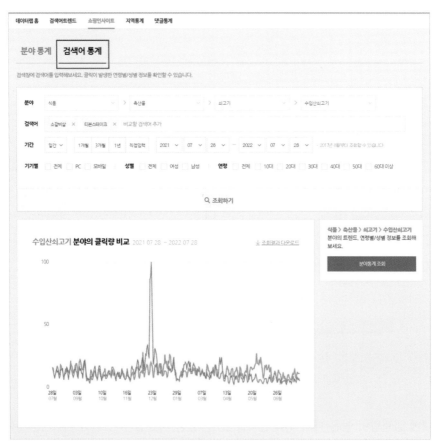

▲ 네이버 데이터랩 〉쇼핑인사이트 〉검색어 통계

분야 통계가 카테고리에 대한 클릭량에 대한 인사이트였다면, 검색어 통계는 특정 키워드에 대한 클릭량을 나타내는 지표입니다. 카테고리 내 키워드의 클릭량의 증감을 파악할 수 있으며 최대 1년 데이터만 확인할 수 있습니다. 이 부분은 아이템스카우트에서 최대 3년 데이터를 파악할 수 있으니 키워드의 클릭량이 궁금하다면 아이템스카우트를 이용하시면 됩니다.

클릭량과 조회수는 대체로 비례합니다. 사실 검색어 트렌드만 보아도 충분히 카테고리나 키워드의 성장세를 파악하기에는 충분합니다. 다만, 키워드 별로 조금 더 확실한 데이터를 확인하기 위해선 조회수 보다는 클릭량을 보시는 것이 좋습니다.

물론, 가짜 트래픽과 가짜 클릭(요즘은 '타수'라고 표현합니다)의 존재도 있음을 감안해야 합니다. 그래서 다시 한 번 강조하지만, '키워드를 보는 눈'을 기르는 것이 중요합니다. 뜬금없이 등장한 키워드가 어느 날 검색량과 클릭량이 급증했다면 "좋은 키워드를 찾았다!"라고 생각하기 보다는 "이건 작업일 가능성이 높겠구나"라고 의심부터 하는 것이 좋습니다.

특히 클릭률이 100%가 나오거나 100%에 가깝게 나오는 키워드들이 있는데, 100% 작업 중인 키워드라고 보시면 됩니다.

네이버 데이터랩의 장점 & 조영빈 강사의 평

네이버 데이터랩은 모든 프로그램의 근간이 됩니다. 여기서 제공해주는 API 데이터를 가공해서 나타내는게 현존하는 키워드 관리 프로그램들에 있는 대부분의 기능입니다. 다양한 키워드 관리 프로그램을 이용하기 이전에 네이버에서 제공해주는 기능(데이터랩, 키워드 도구) 먼저 활용하는 방법을 익히는 것이 중요합니다. 기본이 되는 프로그램의 원리를 알고 활용할 줄 알면 이를 활용하여 만든 키워드 관리 프로그램들의 활용도가 높아집니다.

네이버 데이터랩 중 제가 가장 많이 사용하는 기능은 인기 키워드 베스트 TOP 500입니다. 특히 뒷순위에 있는 키워드들을 많이 주목하고 있으며, 키워드마이닝의 골드 키워드, 아이템스카우트의 급상승 키워드가 TOP 500의 데이터를 기반으로 하고 있습니다.

초보자 분들은 매일 골드 키워드와 급상승 키워드를 확인하면서 좋은 키워드를 발굴하고, 쇼핑 베스트 TOP 500도 함께 확인하면서 새롭게 등장하는 키워드들을 잘 활용하면 생각보다 쉽게 매출을 발생시킬 수 있습니다.

1-5. 네이버 검색광고 키워드 도구

https://searchad.naver.com/

키워드 도구의 주요 기능

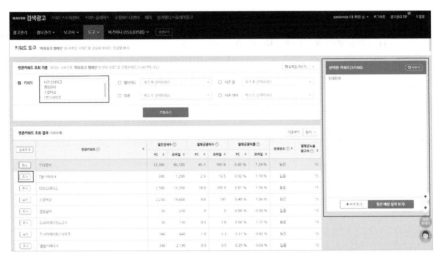

▲ 네이버 검색광고 〉 키워드 도구

키워드 리스트에는 최대 5개의 키워드를 동시에 조회할 수 있으며, 해당 키워드와 함께 연관도가 높은 키워드의 데이터를 함께 제공해줍니다.

- **월간 검색수**: 해당 키워드의 월간 검색량을 의미합니다.
- **월 평균 클릭수**: 해당 키워드의 검색광고(파워링크+@) 클릭수를 의미합니다.
- **월 평균 클릭률**: 노출된 검색광고가 클릭이 된 비율을 나타냅니다. 클릭수/노출수입니다.
- **경쟁강도**: 높음/중간/낮음으로 나타나며 해당 키워드를 구매하는 검색광고 이용자 수가 많고 적음을 의미합니다. 사실 대부분의 키워드는 경쟁강도가 높습니다.
- **월 평균 노출광고수**: PC 통합검색 영역에 나타나는 검색광고의 수입니다. 통합 검색 영역에는 최대 15개의 검색광고만 표기되기 때문에 15가 가장 큰 숫자이며, 실제로 15개 이상의 광고주/업체가 광고 노출을 위해 키워드를 구매했을 가능성이 매우 높습니다.

위 데이터의 경쟁강도와 월 평균 노출광고수는 해당 키워드를 '돈을 주고 구매하는 경쟁사'는 얼마나 되는지에 대한 지표라고 이해하시면 됩니다. 물론, 정확한 데이터는 검색광고 관리 센터에서 CPC(링크 클릭당 비용)과 노출 순위를 파악해야 합니다.

키워드 리스트에서 왼쪽 〈추가〉 버튼을 누르면 오른쪽에 〈선택한 키워드〉로 넘어갑니다. 리스트업 된 키워드 중 쇼핑/블로그에 사용할 가능성이 조금이라도 있는 키워드는 모두 선택을 눌러줍니다. 그리고 해당 키워드를 엑셀로 옮겨 주는 작업을 거칩니다.

키워드 도구는 세부 키워드를 찾기에 가장 좋은 프로그램입니다. 제공되는 카테고리나 키워드 필터에 따라서 조금 더 빠르게 키워드를 필터링할 수도 있습니다.

필자 개인적으로 가장 적은 빈도로 사용하는 프로그램이지만, 가장 많은 시간을 투자하는 프로그램입니다. 초보자 분들께 키워드 관리에 대한 노하우를 알려드릴 때 가장 중요한 프로그램이라고 강조하기도 하고, 가장 많이 연습하라고 강조하기도 할 정도로 중요한 프로그램입니다.

강의를 할 때는 일부러 다른 프로그램은 알려드리지 않고 키워드 도구의 사용법부터 알려드립니다. 그 다음 편하게 사용할 수 있는 블랙키위, 아이템스카우트, 키워드마이닝, 네이버 데이터랩을 알려드립니다. 처음부터 편한 프로그램의 사용에 익숙해지면 가장 기본이 되는 프로그램의 사용을 멀리하기 때문입니다.

키워드 도구는 필자가 누누이 강조했던 '키워드를 보는 눈'을 기르는 데에 가장 좋은 프로그램이며, 키워드를 골라내는 연습을 하기에 가장 좋은 프로그램입니다. 지금은 키워드마이닝과 같은 다양한 키워드 관리 프로그램이 있지만 키워드 관리 프로그램이 없던 시절에는 오직 키워드 도구만을 통해서 키워드를 발굴하고 관리하던 때가 있었습니다. 그러다 보니 키워드 관리의 공식이 대부분 키워드 도구 활용의 모습과 비슷한 형태를 띄고 있습니다.

지금까지 키워드마이닝, 아이템스카우트, 블랙키위, 네이버 데이터랩, 네이버 검색광고의 키워드 도구에 대해서 설명을 드렸습니다. 모두 회원가입만 하면 무료로 활용할 수 있으며, 이번 책에서는 유료가 아닌 무료 회원으로도 활용할 수 있는 기능들, 필자가 주로 사용하는 기능들과 알아두면 좋은 기능들에 대해서만 설명을 드렸습니다. 이번 책에 소개된 기능만 잘 활용해도 충분하지만 필자가 설명 드린 기능 외에도 더 다양한 기능들이 있으니 차근차근 알아보면서 활용해 보시는 것을 추천 드립니다!

다음 목차부터는 '실전'입니다. 실제로 필자가 광고 대행을 하거나 새로운 키워드/상품을 소싱할 때 활용하는 방법이며 이번 책에서 설명하는 모든 노하우는 결국 엑셀 파일 하나로 압축이 됩니다.

그럼 지금부터는 실제로 필자가 키워드 관리를 위한 A to Z 실전 매뉴얼 내용을 캡쳐본과 함께 소개해드리겠습니다.

CHAPTER 02

메인 키워드 발굴하기

상품명에 사용할 메인 키워드 발굴 및 선정

2-1. 내가 가지고 있는 상품의 메인 키워드 뽑기

이번 목차에 들어가기 전에 말씀드리고 싶은 것이 있습니다. 키워드 선정과 아이템 선정의 우선 순위를 정해야 한다면 무조건 키워드 선정부터 하는 것이 맞습니다. 키워드의 분석을 통해 키워드에 대한 시장성을 검증한 후에 상품을 가지고 와야 합니다.

상품을 가지고 온 후에 키워드를 찾게 되면, 키워드 조회수가 우하향하고 경쟁강도는 심한 키워드만 나올 수도 있습니다. 이런 경우 상품이 이미 있기 때문에 키워드를 뒤늦게 확인해도 어쩔 수 없이 팔아야 하는 상황이 발생합니다.

그래서 가능하면 무조건 선 키워드 발굴 후 상품선정이 되어야 합니다. 하지만, 여러분들의 이해를 돕기 위해 '상품이 있는 경우' 키워드를 소싱하고 활용하는 방법에 대한 예시와 설명을 드리도록 하겠습니다.

01. 가장 먼저 할 일은 '생각나는 대로 뽑기'입니다.

▲ 키워드 마인드맵

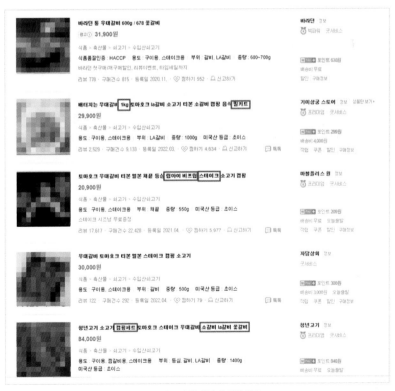

우대갈비
뼈갈비
통갈비
미국산소고기
캠핑갈비
프라임소고기
우대통갈비
우대꽃갈비
바베큐갈비
소고기바베큐

▲ 메모장 활용

내 제품에 쓸 수 있는 키워드를 무작정 뽑는 겁니다. 사실 저는 이 과정에서 메모장을 활용합니다만, 이해를 돕기 위해 간단한 그림도 넣었습니다. 메모장에 키워드를 주욱 나열하셔도 좋고, 위의 그림처럼 마인드맵을 하듯이 키워드를 계속 확장해 나가셔도 좋습니다.

필자는 사실 두 가지 방법을 같이 사용합니다. 종이와 펜을 준비하고, 필자가 가진 상품을 보면서 키워드 마인드맵을 진행합니다. 이렇게 하면 키워드를 카테고리 별로 정리하기에 좋습니다.

이후 정리된 키워드를 메모장이나 엑셀에 주욱 기입해줍니다.

02. 벤치마킹 & 모니터링 하기

▲ 네이버 쇼핑 '우대갈비' 검색 결과

1kg이나 밀키트, 캠핑세트와 같은 키워드는 '우대갈비 1kg'이나 '우대갈비 밀키트'처럼 어느 키워드와 조합해도 어색하지 않은 〈조합 키워드〉입니다. 이런 키워드는 메인 키워드처럼 사용하는 키워드가 아닌 상품명을 정할 때, 세부 키워드의 검색 결과를 확인해본 후에 사용하기에 좋은 조합 키워드입니다. 또한 블로그나 검색광고의 세부 키워드용으로도 적절한 키워드이므로 검색량은 적을 수 있어도 활용도는 매우 높습니다.

- 사실 세부 키워드에서 매출이 발생하는 경우들이 정말 많기 때문에 검색광고를 잘 관리하는 업체에서는 꾸준히 세부 키워드를 추가&관리해주는 모습들을 보입니다.
- 추후 〈아이보스의 키워드 조합기〉를 활용해서 세부 키워드를 조합하여 활용하는 방법도 소개해드리고 있으니 천천히 따라해보시기 바랍니다. (〈부록 3. 아이보스의 키워드 조합기 활용하기〉 p.87 참고)

또한, 립아이/비프립/스테이크 키워드는 필자가 생각지 못했던 키워드입니다. 해당 키워드도 우대갈비에 잘 어울리는 키워드라고 판단되니 활용하는 것으로 합니다. 이렇게 다른 사람들이 사용하는 키워드를 모니터링 해보면 필자가 생각지도 못했던 키워드를 찾을 수도 있습니다.

▲ 네이버 VIEW '캠핑우대갈비' 검색 결과

키워드를 뽑는 가장 쉬운 방법은 다른 사람들은 어떤 키워드를 활용하고 있는지 파악하는 것입니다. 내가 선정한 메인 키워드를 네이버 쇼핑이나 VIEW 탭에 검색해보면 이미 해당 키워드를 잘 활용하고 있는 사람들이 해당 키워드를 또 다른 어떤 키워드와 활용하고 있는지 모니터링 할 수 있습니다.

여기에서 필자가 빨간색 네모를 친 것처럼 '내가(쇼핑 or 블로그에) 쓸 수 있는' 키워드를 모두 메모장에 같이 기입해줍니다.

▲ 키워드 마인드맵2

이렇게 찾은 키워드들을 대략적으로 정리해주면 좋습니다. 필자가 선택한 '우대갈비'는 크게 캠핑갈비/미국산소고기/왕갈비/뼈갈비라는 큰 카테고리로 구분을 지을 수 있습니다.

필자가 우대갈비라는 키워드를 가지고 활용할 수 있는 컨셉이 크게 4가지라는 것을 의미합니다. 앞 전에 5가지의 키워드 관리 프로그램을 설명하면서 우대갈비를 판매한다면 '캠핑을 좋아하는 30대 남성'을 타겟으로 하는게 가장 바람직하다고 말씀드렸던 것을 기억하시나요?

상품이 아닌 키워드 먼저 선정했다면 키워드와 함께 컨셉까지 정한 상태로 상품을 소싱해 올 수 있습니다. 고로, 필자는 위 4가지 컨셉 중 '캠핑'이라는 컨셉을 가장 우선적인 방향으로 선택하고, 키워드의 조회수나 관련도에 따라서 캠핑>미국산 소고기>왕갈비>뼈갈비를 강조하는 컨셉으로 상세 페이지를 기획하고자 합니다.

이렇게 메인 키워드에서부터 점점 더 다양한 세부 키워드를 도출해내는 것을 '키워드 가지치기'라고 합니다. 앞으로 많이 등장할 표현이니 기억해두시기 바랍니다.

최고기	[고기애반하다]홍천한우애소고…	-	397	0	0
최고기	한우안창살	-	407	0	0
최고기	[고기애반하다]홍천한우애소고…	-	409	0	0
최고기	산지직송????더늠애가한우국내…	-	413	0	0
최고기	저당소불고기	-	415	0	0
최고기	캠핑la갈비선물세트미국산초이…	-	416	0	0
최고기	사골도가니	-	421	0	0
최고기	한우선물세트1kg	-	424	0	0
최고기	소생갈비	-	431	0	0
최고기	장조림용소고기	-	435	0	0
최고기	코스트코토마호크	-	437	0	0
최고기	한우선물세트800g	-	439	0	0
최고기	샤브샤브용소고기	-	440	0	0
최고기	세절상품초어스등급la갈비1kg…	-	441	0	0

▲ 키워드마이닝 〉 골드 키워드

급상승 키워드 (1일전 대비)

☆	키워드	랭킹	랭킹변화	검색수	경쟁강도
☆	통비프립	376	▲ 11	180	0.42
☆	누리돈애	420	▲ 11	270	0.11
☆	소고기설도살	431	▲ 11	870	0.3

▲ 아이템스카우트 〉 급상승 키워드

키워드마이닝과 아이템스카우트를 통해서 〈소생갈비〉와 〈통비프립〉이라는 키워드를 쉽게 찾아냈습니다. 통비프립 키워드의 경우엔 검색량은 매우 적지만 그만큼 경쟁강도도 매우 적은 편이고, 네이버 쇼핑 상품 등록수도 매우 적어서 초기 판매자가 네이버 쇼핑 1페이지에 진입하기에 좋은 키워드입니다.

아주 잠시 상품명에 들어가는 키워드로서 활용할 가치와 더불어 세부 키워드로서의 가치가 있습니다. 키워드의 검색 쿼리가 우상향하는 모습을 그리진 않기 때문에 키워드의 검색량이 꾸준히 증가할 가능성은 매우 적어 보이므로 해당 키워드를 꾸준히 활용하려고 하기 보다는 초기 상품의 판매를 위한 노출 용도로 잠시 활용하고 추후 상품명 변경을 통해서 바꿔주는 것이 좋아 보입니다.

소생갈비 키워드 또한 네이버 쇼핑 상품 등록 수가 매우 적어 쉽게 1페이지의 진입이 쉬워 보입니다. 키워드 상위노출을 위한 약간의 노하우만 알고 있다면 충분히 상위노출을 만들어 낼 수 있는 키워드입니다.

부록 2. 스마트스토어 "오픈빨"에 대하여

몇 년 전 이런 유튜브 영상들이 유행이었습니다. "3달 만에 월 매출 0천 만원! 누구나 할 수 있습니다!" 이런 영상들을 보며 필자는 이런 생각을 했습니다. '오픈빨이다.' 그리고 6개월 후 유튜브에는 다시 이런 영상들이 줄지어 올라왔습니다. "스마트스토어 망했습니다" 또는 누구나 천 만원의 매출과 수익을 낼 수 있다고 자신 있게 얘기하던 유튜버들이 어느새부터인가 스마트스토어에 대한 이야기는 하지 않고 '자기계발'에 대한 이야기를 하기 시작했습니다.

매출의 유지를 하지 못한 것이죠. 스마트스토어에는 오픈빨이 존재합니다. 스마트스토어를 오픈한 이후 첫 3개월 동안 상품 등록만 해도 상위노출에 잘 올라가는 현상을 오픈빨이라고 합니다. 이유 없는 상위노출이라고도 합니다. 이건 절대 실력이 아닙니다. 공평하진 않지만, 네이버가 모든 판매자에게 제공해주는 '혜택'이자 '저주'입니다.

네이버는 왜 판매자들에게 혜택 같은 저주, 저주 같은 혜택을 주는 걸까요?

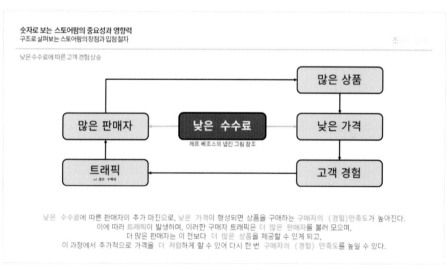

▲ 네이버 쇼핑의 구조

네이버 쇼핑의 구조는 이렇습니다. 온라인 커머스 플랫폼 중에서 가장 낮은 수수료, 사실상 네이버 쇼핑이라는 거대 시스템의 운영을 유지할 수 없는, 적자에 가까운 수수료율을 책정하고 있습니다. 판매 수수료가 낮으니 판매자 입장에선 스마트스토어를 판매 플랫폼으로서 가장 최우선적으로 생각하고 진입합니다. 이로 인해 네이버 쇼핑에 많은 상품이 등록되고, 상품끼리의 경쟁/판매자끼리의 경쟁으로 자연스럽게 상품의 가격이 낮아집니다.

낮은 가격이 형성되면 고객 입장에선 좋은 경험(가격)으로 이어지게 되고, 한 고객이 여러 번의 트래픽(재방문)을 발생시키게 됩니다. 사람이 많이 모여 있는 장소(플랫폼)이니 상품을 판매하고자 하는 새로운 판매자가 또 진입하게 되고, 이러한 선순환의 과정이 계속 반복됩니다.

그러다 보니 네이버 입장에서는 판매자가 자산이 됩니다. 그리고 네이버는 새로운 신규 사업자가 들어오면 이탈하지 않고 판매를 열심히 할 수 있는 환경을 만들어 주기 위해 노력합니다. 가장 좋은 건 역시 매출의 발생이겠죠? 이 매출의 발생을 위해 이유 없는 상위노출을 만들어줍니다. 오픈빨, 로맨스라고도 하죠.

네이버에게 판매자가 자산인 이유는 간단합니다. 이들을 유치하기 위해 매우 적은 수수료를 책정하고 있지만, 결국 이들이 네이버의 검색광고나 GFA 등의 네이버 광고 시스템을 이용해서 네이버에게 새로운 수익을 가져다 주기 때문입니다. 또한, 판매자들에게 정산을 해주기 전까지 네이버의 중앙 계좌에 엄청난 금액이 들어가 있기 때문에 이로 인한 이자 역시 무시하지 못할 것입니다. 그리고 네이버에서 욕심을 내고 있는 네이버 Aitems의 기반이 되는 쇼핑 데이터의 출처 또한 스마트스토어에서 많이 발생합니다. 네이버는 이 쇼핑 데이터를 통해 더 좋은 쇼핑 환경을 제공해 유저들을 네이버 쇼핑의 편리성 안에 가두려 할 것입니다.

신입 판매자가 스마트스토어를 처음 오픈해서 상품 판매를 시작했을 때 매출이 나오게 되면, 이 판매자는 꾸준히 상품을 등록하고 판매를 할 의지가 생깁니다. 돈을 벌 수 있으니까요. 반대의 경우라면 가볍게 판매를 중단하고 판매자라는 직업을 포기하게 됩니다.

이 때 네이버는 이 새로운 판매자에게 혜택 같은 저주를 내려줍니다. 새롭게 사업을 시작한 판매자의 상품을 상위노출시켜주는 것입니다. 이유 없는 상위노출 또는 알 수 없는 상위노출. 보통은 이 상위노출이 2~3달 정도 지나면 자연스럽게 사라집니다.

원래 있던 자리로 돌아가는 것입니다. 원래 상위노출 했으면 안 되는 자리에 올라갔으니, 다시 제자리를 찾는 것입니다.

보통 대부분의 신규 판매자는 이를 실력으로 오해합니다. 본인이 잘 했기 때문에 상위노출이 되었다고 생각하지만, 실은 그저 이유조차 알 수 없는 '행운'일 뿐인데도요.

어쨌든 신규 판매자는 2~3달 동안 열심히 수 많은 상품을 네이버 쇼핑에 등록해주어 네이버의 데이터가 되었고, 판매까지 잘 됐다면 네이버에 수익도 안겨주는 그림이 됩니다. 그리고 2~3달 열심히 판매가 되는 모습을 보았으니 이후 상위노출이 떨어지고, 매출이 떨어져도 쉽게 포기하지 않습니다. 이전보다 판매가 잘 되지 않으면 더 많이 판매하기 위해 노력하고 연구하며 광고비도 사용합니다.

네이버는 이 점을 노리고 오픈빨을 제공해주는 것입니다. 신규 판매자가 꾸준히 판매하는 판매자가 되어서 네이버 쇼핑 자체의 DB가 되어주는 것, 매출이 되어주는 것, 광고를 해주는 것이요. 정말 냉정하게 판매자를 위한 플랫폼은 없다는 사실을 꼭 기억하시기 바랍니다.

네이버는 이 DB를 가지고 장사를 한다고 생각하시면 됩니다. 네이버의 최종 목적지는 '유저들이 검색을 하지 않아도 필요한 콘텐츠(상품)을 제공해주는 것'입니다. 대표적인 예시로 네이버의 쇼핑 Aitems가 있습니다. 분석할 수 있는 상품이 많을수록, 판매 데이터가 많을수록, 구매자와 트래픽이 많을수록 네이버가 원하는 Aitems는 완성형이 되어갑니다.

필자 경험상 오픈빨을 통한 상위노출은 랜덤인 듯합니다. 내가 등록한 수 많은 상품 중 어떤 상품이 상위노출이 될지는 모릅니다. 보통 10개 등록 당 1개 꼴로 상위노출이 랜덤으로 발생하는 것 같습니다.

그래서 필자는 이제 막 스마트스토어를 시작하신 분들께 가장 먼저 하는 조언이 3가지입니다.

① 상품 등록할 상세 페이지를 많이 준비해라
② 키워드를 많이 준비해 두어라.
③ 상품 등록을 많이 해라.

스마트스토어 오픈 초기에는 '오픈빨'이 존재하기 때문에 별 다른 마케팅 활동 없이도 상위노출이 발생하고, 조금만 팔아도 상위노출이 유지됩니다. 그래서 이 시기에는 마케팅에 집중하기 보다는 오로지 상품 등록에만 집중하는 것이 더 효과적입니다.

그래서 "위탁판매 만으로도 스마트스토어 성공할 수 있다"는 얘기를 하는 것입니다.

필자 또한 초기 판매자라면 위탁 판매 아이템으로 시작하는 것을 추천 드립니다. 더군다나 회사를 다니고 있는 직장인이라면 스마트스토어 하나만 보고서 퇴사를 하는 것은 정말 미친 짓이나 다름 없습니다. 본업에 충실하되 부업을 서서히 키우고 추후 본업으로 바꿀 수 있는 수준까지 키워야 합니다.

위탁 판매로 본업 보다 더 많이 벌 수 있는 수준이 되었을 때 퇴사를 결정해도 늦지 않습니다. 그리고 필자가 위탁 판매를 추천 드리는 가장 큰 이유는 정말 많은 상품과 키워드를 큰 노력 없이 이용할 수 있기 때문입니다. 좋은 키워드를 찾은 후 해당 키워드에 적합한 상품을 소싱/위탁 판매한 후 스마트스토어에 등록해서 판매하실 것을 추천 드리고 싶습니다.

필자 생각에 닥등(닥치고 등록), 매일 하루에 10개의 상품 등록을 목표로 위탁 판매 스마트스토어를 운영한다면 월 300만 원 정도의 수익은 누구나 기대할 수 있다고 생각합니다. 필자 또한 지난 7-8년 간 위탁 판매를 진행하면서 적게는 월 100만 원, 많게는 월 1천 만 원 이상의 수익을 냈습니다. 오직 위탁 판매 만으로요.

오픈빨을 잘 활용하면 최대 6개월~1년까지도 오픈빨을 이어서 활용할 수 있습니다. 그리고, 지금은 간이사업자의 매출이 8천 만 원 이하일 경우 일반사업자를 내지 않아도 되기 때문에 면세 혜택의 폭

이 굉장히 커졌습니다. 간이사업자일 때 네이버 스마트스토어 외 쿠팡이나 오픈마켓, 소셜 커머스 등을 적극적으로 활용해서 많이 공부한 후에 일반사업자로 넘어가서 본격적인 판매자 활동을 해보실 것을 추천 드리고 싶습니다.

본업 판매자가 된다는 것은 쉬운 일이 아닙니다. 본업 판매자가 된다는 것은 사장이자 대표가 된다는 것이기 때문입니다. 부업으로 위탁 판매 형태로 최대한 판매자로서 많은 경험을 해보신 후에 나만의 상품을 사입하는 소싱으로 천천히 상품 판매의 범위를 넓혀 나가 보시기 바랍니다.

다양한 상품의 위탁 판매와 더불어 다양한 키워드를 활용하면서 키워드를 보는 눈을 키워 나간 이후 본격적인 셀러가 되시는 것을 추천드립니다.

2-2. 메인 키워드 선정하기

지금까지 찾은 키워드, 메모장에 넣어두었던 키워드를 엑셀로 옮겨 줍니다. 이 중에서 키워드마이닝의 골드 키워드와 아이템스카우트의 신규 키워드로 찾은 키워드는 내가 꼭 사용할 가능성이 높은 키워드이니 체크를 해 놓습니다.

- 키워드마이닝과 이이템스카우트는 매일 매일 모니터링 해서 좋은 키워드를 발굴하는 것이 좋습니다.

그 다음 B열과 C열의 각 1행에 〈조회수〉〈VIEW 월 발행량〉을 적어줍니다.

	A	B	C	D
1	키워드	조회수	VIEW 월 발행량	
2	우대갈비			
3	캠핑우대갈비			
4	우대갈비바베큐			
5	왕갈비			
6	우대왕갈비			
7	소왕갈비			
8	미국산소고기			
9	프라임소고기			
10	프라임우대갈비			
11	뼈갈비			
12	우대꽃갈비			
13	엘에이갈비			
14	LA갈비			
15	소생갈비			
16	통비프립			
17	프라임립아이			
18	캠핑고기			
19	캠핑고기추천			
20	립아이			
21	비프립			
22	우대갈비1kg			
23	소고기캠핑세트			
24	꽃갈비			
25	소갈비			
26	우대갈비스테이크			
27	스테이크			

▲ 찾은 키워드를 엑셀에 정리해줍니다.

▲ 블랙키위 〉간편 키워드 조회

그리고 블랙키위로 접속, 간편 키워드 조회 기능을 활용해서 해당 키워드들의 데이터를 추출합니다. 우리는 무료 기능을 사용하고 있으니 엑셀의 키워드를 5개씩 복사 붙여넣기 해서 조회해주면 됩니다. 블랙키위의 칼럼 설정(톱니바퀴 모양) 기능을 통해서 월간 검색량과 VIEW 월 발행량 데이터를 가지고 올 수 있으며, 이를 엑셀에 옮겨줄 예정입니다.

이전에, 블랙키위는 간편 키워드 조회 기능을 사용할 경우 연관 키워드 데이터도 제공해주는데, 이 때 빨간색 박스 안의 파란색 글씨를 클릭하면 해당 키워드에 대한 데이터도 제공을 해줍니다. 저기서 내가 쓸 수 있는 키워드를 클릭하면 해당 키워드에 대한 데이터가 아래에 추가됩니다. 필자는 〈수입 소왕갈비〉〈대왕갈비〉를 추가했습니다.

다시 엑셀에서 키워드 5개씩 가지고 와서 복사 붙여넣기 하여 위의 과정을 반복해줍니다.

- 블랙키위의 〈간편 키워드 조회〉 기능을 사용할 땐 주의할 점이 있습니다. 키워드 리스트(검색기록)가 25개 정도가 되면 키워드가 새로 추가되지 않고 키워드가 사라지는 현상이 생깁니다. 그러므로, 20개 이상의 키워드를 선택했을 경우엔 〈CSV 다운로드〉를 통해서 키워드 데이터를 미리 받아 놓은 후에 다운 받은 키워드를 삭제하고 다시 처음의 과정을 반복해주는 것이 중요합니다.

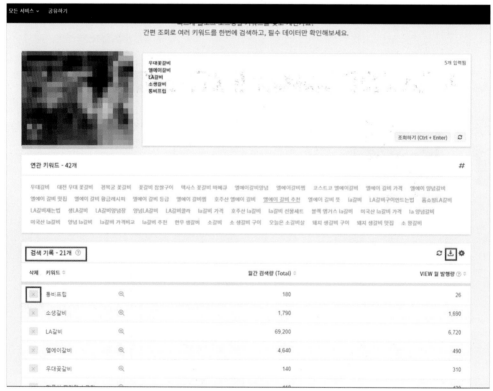

▲ 블랙키위 〉 간편 키워드 조회

검색기록이 20개가 넘어갈 경우엔 오른쪽 상단에 〈CSV 다운로드〉 버튼을 눌러서 엑셀에 데이터를 저장한 이후 왼쪽 하단 〈키워드 삭제〉를 통해서 새로운 키워드를 추가하는 일을 반복해주어야 합니다. 이 과정이 매우 번거롭지만 VIEW 월 발행량을 쉽게 다운로드 받을 수 있다는 점을 생각하면 그리 어려운 작업이 아닙니다.

	A	B	C
1	키워드	월간 검색량 (Total)	VIEW 월 발행량
2	캠핑 바베큐 세트	1090	1755
3	캠핑 고기 추천	560	10684
4	캠핑용 고기세트	180	416
5	la 꽃갈비	300	177
6	우대갈비 굽기	120	380
7	우대갈비스테이크	130	587
8	꽃갈비	2840	1497
9	소갈비	29480	7115
10	소고기캠핑세트	200	1064
11	우대갈비1kg	430	123
12	캠핑 고기세트	3670	3828
13	캠핑 소고기	2020	6266
14	캠핑 음식	127600	25758
15	비프립 바베큐	120	153
16	프라임 립아이	180	35
17	립아이 스테이크	2660	894
18	비프립	4920	271
19	립아이	5100	1028
20	캠핑고기추천	560	10683
21	캠핑고기	11130	28421
22	프라임립아이	180	140
23	블랙 앵거스 la갈비	230	82
24	미국산 la갈비	740	473
25	소 왕갈비	780	1117

	A	B	C
1	키워드	월간 검색량 (Total)	VIEW 월 발행량
2	통비프립	180	26
3	소생갈비	1790	1692
4	LA갈비	69160	6715
5	엘에이갈비	4640	485
6	우대꽃갈비	140	309
7	미국산 프라임 소고기	110	417
8	수입 소왕갈비	20	12
9	우대갈비 숯불	160	598
10	미국산 소고기 수입	30	432
11	뼈갈비	400	181
12	프라임우대갈비	330	32
13	프라임소고기	2260	1016
14	미국산소고기	14950	3042
15	소왕갈비	780	1118
16	대왕갈비	1410	1230
17	캠핑 고기세트	3670	3826
18	우대왕갈비	20	38
19	왕갈비	4390	5846
20	우대갈비바베큐	190	378
21	캠핑우대갈비	4670	667
22	우대갈비	97600	4795

▲ 키워드가 2배 가까이 많아진 것을 확인할 수 있습니다.

이렇게 다운로드 받은 엑셀을 합쳐주는 작업을 합니다. 기존에 만들어 두었던 엑셀에 얹어주는 것입니다. 필자는 초반 27개의 키워드를 간단하게 찾았지만, 블랙키위의 〈간편 키워드 조회〉 기능을 통해서 월간 검색량과 VIEW 월 발행량을 찾아보면서 연관 검색어의 클릭 몇 번 만으로 46개(중복 1개)의 키워드 데이터를 다운로드 받을 수 있게 되었습니다.

거의 2배에 가까운 키워드로 확장이 된 것이죠. 필자가 블랙키위를 좋아하는 이유이기도 합니다. 간단한 클릭 몇 번 만으로도 필자가 원하는 연관 키워드를 추가적으로 추출(키워드 가지치기)해낼 수 있으니까요. 거기에 해당 키워드에 대한 조회수와 VIEW 월 발행량 정보는 덤으로 따라옵니다.

물론 키워드를 추가하고 삭제하는 과정 중에 중복되는 키워드가 있을 수 있으니 '엑셀의 데이터 〉 중복된 항목 제거' 기능을 활용해서 중복 키워드를 제거해줍니다.

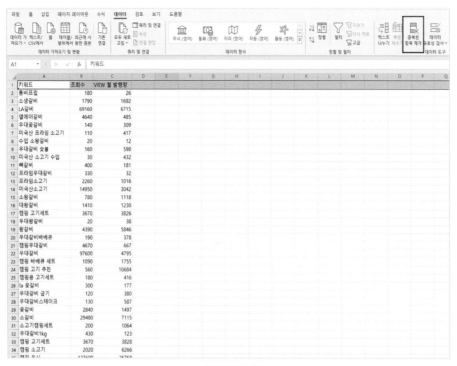

▲ 중복 키워드 삭제

다음 단계는 선택 사항입니다. 46개의 키워드는 사실 너무 적습니다. 메인 키워드를 선정하기엔, 황금 키워드를 찾았다고 판단하기엔 너무 적은 키워드입니다. 그렇기 때문에 더 다양한 키워드를 발굴해서 황금 키워드를 찾아낼 가능성을 높여주는 것이 좋습니다.

다음에 선택할 수 있는 단계는

① 46개의 키워드를 다시 한 번 블랙키위의 〈간편 키워드 조회〉 기능을 통해 새로운 키워드를 더 찾아내는 것

② 네이버 검색광고의 키워드 도구에서 5개씩 키워드를 반복 복사 붙여넣기 하면서 새로운 키워드를 더 찾아내는 것

③ 네이버 쇼핑에서 쇼핑수와 카테고리 데이터를 찾아본 후 상품명에 사용할 키워드를 미리 선정하는 것

필자는 2번의 방법을 강력 추천 드립니다. 또한, 2번을 통해 새로운 키워드를 찾게 되면 다시 한 번 블랙키위의 〈간편 키워드 조회〉 기능을 통해서 월간 검색량과 VIEW 월 발행량을 다시 찾아야 하기 때문에 1번의 과정을 다시 한 번 반복하게 됩니다.

그리고 또 새로운 키워드를 찾게 되면 다시 한 번 2번의 방법을 하고요. 결과적으로 좋은 키워드를 찾을 때까지 1번과 2번의 방법을 계속해서 반복합니다.

1번과 2번을 계속해서 반복 진행하여 충분히 많은 키워드를 확보한 후 3번의 작업을 진행해주시면 됩니다.

2-3. 쇼핑 데이터 수집하기

이번엔 엑셀에 〈쇼핑수〉〈카테고리〉를 추가해줍니다. 이제부터는 정말 노가다의 시간입니다.

네이버 쇼핑으로 접속해서 키워드 하나씩 검색하면서 쇼핑수와 카테고리에 대한 정보를 입력해줄 겁니다. 이 때 중요한 건 쇼핑수는 네이버 쇼핑에 키워드를 검색했을 때 바로 보이는 쇼핑수가 아닌 키워드가 매칭되어 있는 카테고리 안에 있는 쇼핑 상품 등록 수를 기재해주어야 한다는 점입니다.

	A	B	C	D	E
1	키워드	조회수	VIEW 월 발행량	쇼핑수	카테고리
2	캠핑 음식	127600	25758		
3	우대갈비	97600	4795		
4	LA갈비	69160	6715		
5	소갈비	29480	7115		
6	미국산소고기	14950	3042		
7	캠핑고기	11130	28421		
8	립아이	5100	1028		
9	비프립	4920	271		
10	캠핑우대갈비	4670	667		
11	엘에이갈비	4640	485		
12	왕갈비	4390	5846		
13	캠핑 고기세트	3670	3826		
14	캠핑 고기세트	3670	3828		
15	꽃갈비	2840	1497		
16	립아이 스테이크	2660	894		
17	프라임소고기	2260	1016		
18	캠핑 소고기	2020	6266		
19	소생갈비	1790	1692		
20	대왕갈비	1410	1230		
21	캠핑 바베큐 세트	1090	1755		
22	소왕갈비	780	1118		
23	소 왕갈비	780	1117		
24	미국산 la갈비	740	473		
25	캠핑 고기 추천	560	10684		
26	캠핑고기추천	560	10683		
27	우대갈비1kg	430	123		
28	뼈갈비	400	181		
29	프라임우대갈비	330	32		
30	la 꽃갈비	300	177		
31	블랙 앵거스 la갈비	230	82		
32	소고기캠핑세트	200	1064		
33	우대갈비바베큐	190	378		
34	통비프립	180	26		

▲ 쇼핑수, 카테고리 정리하기

캠핑 음식 키워드로 한 번 예시를 보여드리겠습니다.

▲ 네이버 쇼핑 〉 캠핑음식 키워드 검색 결과

네이버 쇼핑에 '캠핑음식' 키워드를 검색해보면 상품 수가 94,158개가 나옵니다. 하지만 이건 우리가 진짜 경쟁해야 하는 숫자는 아닙니다. 진짜 경쟁해야 하는 숫자는 키워드마다 따로 정해진 카테고리를 타고 들어가야만 합니다.

▲ 네이버 쇼핑 〉 캠핑음식 키워드 검색 결과

'캠핑음식' 키워드 검색 결과에서 광고를 제외한 1위~5위까지의 상품들의 공통 카테고리가 '식품 〉 축산물 〉 닭고기 〉 닭양념육'인 것을 확인할 수 있습니다. 캡쳐본이어서 5개의 상품만 보여드렸지만, 1페이지에 있는 모든 상품의 카테고리가 '닭양념육'으로 정해져 있다는 것을 확인할 수 있습니다.

'캠핑음식' 이라는 키워드는 '닭양념육'이라는 카테고리로 지정되어 있다는 의미입니다. 이것이 네이버가 이야기 하는 카테고리 "매칭", "맥락(C랭크 알고리즘의 Context)"에 대한 부분입니다.

내가 만약 '캠핑음식' 키워드로 상위노출을 하고 싶다면 무조건 '닭양념육' 카테고리로 상품 등록을 해야만 합니다.

카테고리와 키워드 매칭 정보는 웬만하면 바뀌지 않습니다만 종종 바뀌는 경우가 있습니다. 그러니 가끔씩 자신의 엑셀 데이터의 키워드들을 모니터링 하는 습관을 들이면 좋습니다.

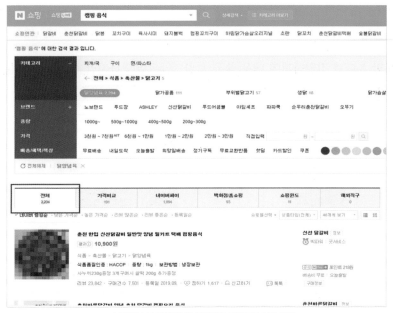

▲ 네이버 쇼핑 '캠핑음식' 닭양념육 카테고리 검색 결과

해당 키워드가 매칭되어 있는 닭양념육 카테고리 검색 결과 상품 수가 2,204개로 줄어든 것을 확인할 수 있습니다. 전체 쇼핑 수는 94,158개이지만 실제 경쟁은 2,204개라는 의미입니다. 이제 이렇게 찾은 데이터를 엑셀에 기입해줍니다.

	A	B	C	D	E
1	키워드	조회수	VIEW 월 발행량	쇼핑수	카테고리
2	캠핑 음식	127600	25758	2204	닭양념육
3	우대갈비	97600	4795		
4	LA갈비	69160	6715		
5	소갈비	29480	7115		
6	미국산소고기	14950	3042		
7	캠핑고기	11130	28421		
8	립아이	5100	1028		
9	비프립	4920	271		
10	캠핑우대갈비	4670	667		
11	엘에이갈비	4640	485		
12	왕갈비	4390	5846		
13	캠핑 고기세트	3670	3826		
14	캠핑 고기세트	3670	3828		

▲ 쇼핑수는 2,204, 카테고리는 닭양념육으로요.

이제 이 작업을 자신이 찾은 모든 키워드를 대상으로 진행해주면 됩니다. 이 작업이 정말 시간이 오래 걸립니다. 그래서 노가다라고 말씀드렸던 것입니다. 하지만 이 과정을 지나지 않으면 키워드별 실질적인 경쟁지수와 키워드별 카테고리를 확인할 수 없습니다.

혹시나 닭양념육을 판매하실 수 있는 판매자 분이 계시다면 '캠핑음식' 키워드를 활용해보시면 좋을 것 같습니다. 조회수는 매우 높은 데에 비해 쇼핑 수는 매우 적으니까요.

물론! 경쟁강도만 본다면 진입하기에 매우 좋은 키워드임은 분명하지만 상위노출까지는 굉장히 어려운 키워드입니다.

	A	B	C	D	E
1	키워드	조회수	VIEW 월 발행량	쇼핑수	카테고리
2	캠핑 음식	127600	25758	2204	닭양념육
3	우대갈비	97600	4795	1900	수입산쇠고기
4	LA갈비	69160	6715	12000	수입산쇠고기
5	소갈비	29480	7115	2900	수입산쇠고기
6	미국산소고기	14950	3042	22000	수입산쇠고기
7	캠핑고기	11130	28421	2700	국내산돼지고기
8	립아이	5100	1028	713	수입산쇠고기
9	비프립	4920	271	322	수입산쇠고기
10	캠핑우대갈비	4670	667	525	수입산쇠고기
11	엘에이갈비	4640	485	12000	수입산쇠고기
12	왕갈비	4390	5846	350	수입산쇠고기
13	캠핑 고기세트	3670	3826	789	국내산돼지고기
14	꽃갈비	2840	1497	3700	수입산쇠고기
15	립아이 스테이크	2660	894	460	수입산쇠고기
16	프라임소고기	2260	1016	5100	수입산쇠고기
17	캠핑 소고기	2020	6266	2700	수입산쇠고기
18	소생갈비	1790	1692	77	수입산쇠고기
19	대왕갈비	1410	1230	76	수입산쇠고기
20	캠핑 바베큐 세트	1090	1755	378	국내산돼지고기
21	소왕갈비	780	1118	194	수입산쇠고기
22	미국산 la갈비	740	473	5100	수입산쇠고기
23	캠핑 고기 추천	560	10684	2700	국내산돼지고기

▲ 쇼핑수, 카테고리 정리 모습

간단하게 필자가 찾은 키워드들의 쇼핑수와 카테고리 데이터를 정리해보았습니다. 쇼핑수는 정확하게 일의 단위까지 기재할 필요는 없습니다. 경쟁강도를 파악하기 위한 것이기 때문에 대략적으로 반올림해서 적어주면 됩니다.

이렇게 보니 경쟁강도가 매우 적은 키워드들이 많이 보이네요. 이런 키워드들은 메인 키워드 급은 아니지만 대체로 마케팅 능력도, 광고비도, 노하우도, 아무 것도 없는 초반에 활용하기에 좋습니다. 1페이지 노출까지 기대할 수도 있는 키워드이거든요.

이런 키워드들을 사용하면 상품 등록 후 초반에 노출을 최대한 높이면서 마케팅을 더해 판매량을 높이고, 추후 판매량에 따라 상품명에 메인 키워드를 하나씩 더해주거나 상품명을 수정해서 조회수와 경쟁이 심한 키워드의 진출을 노려볼 수 있습니다.

• 상품명을 변경하는 것은 사실 초보자가 하기에는 위험 요소가 너무 큽니다. 네이버 쇼핑의 상품 순위가 바뀔 수가 있거든요. 상품명을 변경하는 방법에 대해서는 제가 별도로 부록을 남겨 놓았습니다(〈부록 4. 상품명 변경하기〉, p.92을 참고해주세요).

CHAPTER 03

서브 키워드 추가하기

세부 키워드 활용하기

3-1. 키워드 가지치기

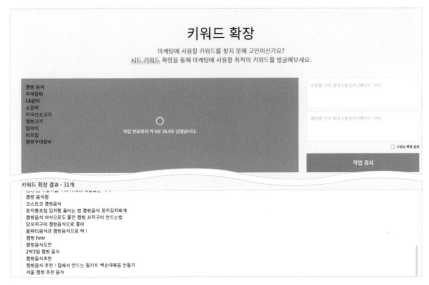

▲ 블랙키위 〉 키워드 확장

다음 단계는 키워드 확장입니다. 블랙키위의 〈키워드 확장〉 기능을 활용해서 다양한 키워드를 뽑아올 수 있습니다. 이 기능은 정말 다양한 키워드를 정말 많이 제공해준다는 장점이 있지만, 정말 불필요한 키워드도 많이 준다는 단점도 있습니다. 그러다 보니 불필요한 키워드를 걸러내는 데에 시간이 많이 걸립니다. 고기와 관련된 키워드만 10개를 넣었는데 'z플립' '리무버' '캐시워크' 등이 포함된 키워드도 나왔습니다.

키워드 10개를 통해서 거의 1,000개에 가까운 키워드를 받아보았습니다. 고성능 확장 옵션 기능을 활용하면 훨씬 더 많은 키워드가 나옵니다. 장점과 단점이 확실한 기능입니다. 여기서 키워드를 취사 선택해서 사용하시기 바랍니다. 서브 키워드를 많이 준다는 장점이 있어서 추후 네이버 검색광고에 대량 키워드 등록을 위해서 사용하기에 아주 적합한 기능이라고 보시면 됩니다. 정말 생각지도 못했던 키워드가 등장하기도 하고요.

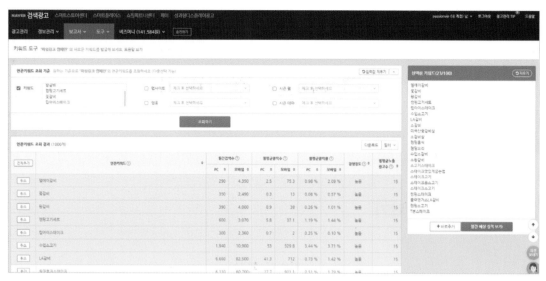

▲ 네이버 검색광고 – 키워드 도구

이번엔 네이버 검색광고의 키워드 도구를 활용해서 키워드를 추가합니다. 추가한 키워드는 모두 엑셀에 넣어주고 다시 블랙키위와 네이버 쇼핑 검색을 통해 조회수, 월간 VIEW 발행량, 쇼핑수, 카테고리를 정리합니다.

지금까지의 과정을 계속해서 반복하면 좋은 키워드를 발굴할 수 있습니다. 분명 처음 이 과정을 해보시는 분들이라면 프로그램 활용 자체가 낯설기도 하고 어렵기도 하실 겁니다. 시간도 많이 걸릴 겁니다. 이 작업을 10년을 해 온 필자도 빠르면 2시간, 오래 걸리면 2일 이상이 걸립니다.

필자가 초보자 분들께 제일 추천 드리고 싶은 방법은 키워드마이닝과 아이템스카우트, 그리고 네이버 쇼핑 베스트 TOP500을 보면서 새롭게 떠오르는 키워드를 모니터링 해주시는 것입니다. 새로운 키워드를 찾기 위해 노력하는 시간을 많이 단축해주는 프로그램이기 때문입니다.

'키워드 가지치기'는 정말 말 그대로 노가다 그 자체입니다. 블랙키위와 키워드 도구를 번갈아 가며 반복적으로 새로운 키워드를 찾고 네이버 쇼핑에서 쇼핑수와 카테고리를 찾아주어야 합니다. 여기에 월간 검색량과 VIEW 월 발행량, 쇼핑수와 카테고리 데이터까지 기입해주는 것은 당연하고요. 그래서 사실 필자는 블랙키위를 가장 많이 활용하는 편입니다. 다양한 연관 키워드를 제공해주는 것은 물론, 검색량과 VIEW 월 발행량 데이터까지 제공해주어서 엑셀로 다운로드 받을 수 있으니까요. 아쉽게도 카테고리 별 쇼핑수를 제공해주는 프로그램은 아직 없습니다(현재 개발 단계에 있으며, 추후 필자의 블로그를 통해 프로그램 관련공지를 하겠습니다).

우대갈비는 면세 상품에 속하는 축산물이며, 경쟁 지수가 높지 않은 키워드/상품이기 때문에 예시로서 가져와 보았습니다.

3-2. 키워드 '가치' 파악하기

⬆ 아이템스카우트 〉 소갈비살 검색 결과

내가 찾은 키워드가 실제로 '가치'가 있는지에 대한 판단을 위해서 아이템스카우트에서 판매량 데이터를 확인합니다. 위에서 언급한대로 추정 데이터이기 때문에 참고용일 뿐, 정확한 데이터는 아닙니다.

필자 같은 경우에는 약간 의심스러운(?) 키워드들은 아이템스카우트에서 검색해보는 편입니다. '키워드의 조회수도 괜찮고, 경쟁지수도 괜찮은데 과연 매출이 나올까?' 싶은 키워드들이요.

조금 더 꼼꼼히 키워드 관리를 한다고 한다면 엑셀에 따로 해당 데이터를 기입하는 것이 좋지만, 말씀 드린 대로 정확한 데이터가 아니기 때문에 생략하고 의심스러운 키워드만 확인하는 편입니다. 그리고 모든 키워드를 다 검증하기엔 시간이 너무 오래 걸리기도 하고요.

3-3. 네이버 쇼핑 SEO에 적합한 상품명 만들기

네이버 쇼핑 상위노출에서 가장 중요한 것은 무엇일까요? 당연히 '키워드' 입니다. 그 다음으로 중요한 게 바로 '상품명'입니다. 상품명에 어떤 키워드가 들어가느냐, 어떤 순서로 키워드가 들어가느냐에 따라서 상위노출이 될지 안 될지 크게 영향을 미칩니다.

지금부터는 키워드 하나 남김 없이 네이버 쇼핑 SEO에 최적화된 상품명을 만드는 방법에 대해서 설명 드리도록 하겠습니다.

아, 그 전에 지금 2022년 7월 기준 네이버 쇼핑 알고리즘에서는 상품명이 30자 이내여야 좋은 점수를 받는다는 점을 꼭 기억하시기 바랍니다.

	A	B	C	D	E	F
1	키워드	조회수	VIEW 월 발행량	쇼핑수	카테고리	상품명
2	캠핑고기	11130	28421	2700	국내산돼지고기	
3	캠핑 고기세트	3670	3826	789	국내산돼지고기	
4	캠핑 바베큐 세트	1090	1755	378	국내산돼지고기	
5	캠핑 고기 추천	560	10684	2700	국내산돼지고기	
6	캠핑 음식	127600	25758	2204	닭양념육	
7	우대갈비	97600	4795	1900	수입산쇠고기	
8	LA갈비	69160	6715	12000	수입산쇠고기	
9	소갈비	29480	7115	2900	수입산쇠고기	
10	미국산소고기	14950	3042	22000	수입산쇠고기	
11	립아이	5100	1028	713	수입산쇠고기	
12	비프립	4920	271	322	수입산쇠고기	
13	캠핑우대갈비	4670	667	525	수입산쇠고기	
14	엘에이갈비	4640	485	12000	수입산쇠고기	
15	왕갈비	4390	5846	350	수입산쇠고기	
16	꽃갈비	2840	1497	3700	수입산쇠고기	
17	립아이 스테이크	2660	894	460	수입산쇠고기	
18	프라임소고기	2260	1016	5100	수입산쇠고기	
19	캠핑 소고기	2020	6266	2700	수입산쇠고기	
20	소생갈비	1790	1692	77	수입산쇠고기	
21	대왕갈비	1410	1230	76	수입산쇠고기	
22	소왕갈비	780	1118	194	수입산쇠고기	
23	미국산 la갈비	740	473	5100	수입산쇠고기	

▲ 카테고리 별로 정리한 키워드 리스트

엑셀에 〈상품명〉을 적어주고 같은 카테고리에 있는 키워드끼리 보기 편하게 형광펜을 입혀줍니다.

필자가 키워드 별로 네이버 쇼핑에 노출되는 카테고리는 정해져 있다고 했던 것 기억하시나요? 이 말인 즉, 상품명을 정할 때는 같은 카테고리 안에 있는 키워드끼리만 조합해서 사용해야 한다는 것을 의미합니다.

캠핑고기~캠핑고기추천 키워드까지는 〈국내산돼지고기〉 카테고리로,

캠핑음식 키워드는 〈닭양념육〉 카테고리로,

우대갈비~미국산LA갈비 키워드까지는 〈수입산쇠고기〉 카테고리로 상품을 등록해야 합니다.

필자가 가져온 우대갈비 상품은 카테고리가 〈수입산쇠고기〉로 분류되기 때문에 사실상 필자가 찾은 키워드 중에서 〈수입산쇠고기〉 카테고리 외 다른 카테고리 안에 있는 키워드들은 사용할 수 없습니다. 키워드와 카테고리가 맞지 않으니까요.

- 그럼 이렇게 열심히 찾은 키워드들은 아예 사용을 하지 못할까요? 아니죠! 해당 키워드에 적합한 상품을 소싱하거나, 블로그와 네이버 (쇼핑)검색광고에 활용하면 됩니다.

이번에는 〈수입산쇠고기〉 카테고리에 있는 키워드들끼리 조합해서 상품명을 만들어보도록 하겠습니다.

필자가 상품명을 정할 때 꼭 지키는 법칙이 있습니다. 상위노출을 하고 싶은 키워드 순서대로 상품명을 구성하는 것입니다. 필자에게 있어 가장 중요한 키워드는 〈우대갈비〉이니 〈우대갈비〉 키워드를 맨 앞으로 넣고, 상위노출 가능성이 커 보이는 키워드(경쟁강도가 약한 키워드) 순서대로 구성해보도록 하겠습니다.

그러면 우대갈비 〉 대왕갈비 〉 소생갈비 〉 소왕갈비〉 비프립 〉 왕갈비 〉 립아이 스테이크 키워드가 구성됩니다.

▲ 스마트스토어 〉 상품 등록

이 키워드들을 스마트스토어 〉 상품등록 화면에 순서대로 넣어주어서 30자 이내가 되는지 확인합니다. 키워드를 입력할 때는 꼭 수기로 입력하시기 바랍니다. 복사 붙여 넣기를 하지 마세요! 네이버가 싫어합니다.

키워드를 나열했더니 30자가 넘었습니다.

▲ 상품 등록 〉상품명 검색 품질 체크

그리고 〈상품명 검색품질 체크〉를 했더니 동일한 단어 반복이라며 수정하라고 내용이 나왔습니다. 네이버에서 수정하라고 하니까 당연히 수정을 해야겠죠! 이럴 땐 상품명을 '스토리텔링' 형태로, 키워드 반복을 최소화 해주면 됩니다. 또한 메인으로 들어가는 키워드는 최대 2~3번 반복해서 사용해주는 것이 좋습니다. 보통 3번 들어가면 키워드 반복이라면서 수정하라는 안내가 뜨는데, 키워드 조합을 잘하면 최대 3번까지 내가 원하는 키워드를 반복 사용할 수 있습니다.

- 하나의 키워드만을 반복으로 띄어쓰기와 붙여쓰기를 잘 활용하면 3번까지 반복이 가능합니다.

지금 현재 상품명은 〈우대갈비 대왕갈비 소생갈비 소왕갈비 비프립 왕갈비 립아이 스테이크〉입니다.
위 상품명을 스토리텔링+반복 단어 제거+30자 이내로 변경할 겁니다.

▲ 상품 등록 〉상품명

필자는 〈우대갈비 대왕 소생갈비 비프립 우대 립아이 소 왕갈비〉 이렇게 바꾸었습니다. 메인 키워드인 〈우대갈비〉는 맨 앞에 고정적으로 배치합니다. 그리고 〈대왕갈비〉 키워드에서 〈대왕〉만 남기고 〈갈비〉는 뺐습니다.

〈스테이크〉 키워드는 우대갈비라는 상품에 적합하지 않은 것 같아서 뺐습니다.

▲ 상품 등록 〉상품명

〈대왕 갈비〉 키워드가 이런 식으로 조합되기 때문입니다. 또한, 이 키워드는 태그와 상세 페이지, 이미지에도 사용해주어서 키워드에 대한 점수를 부여해줄 수도 있습니다.

다른 키워드도 마찬가지입니다.

중간에 〈우대〉라는 키워드를 한 번 더 사용했는데, 맨 뒤에 〈왕갈비〉의 〈갈비〉 키워드와 조합하여 〈우대갈비〉라는 키워드에 더 높은 점수를 실어주기 위함 입니다.

▲ 상품 등록 〉상품명 검색 품질 체크

상품명 검색품질 체크를 했더니 괜찮다고 합니다. 〈갈비〉 키워드는 3번, 〈우대〉 키워드는 2번이 들어갔는데도요. 띄어쓰기를 적절하게 잘 활용하면 같은 키워드를 반복적으로 사용해도 최대 3번까지 사용할 수 있습니다. 상품명 검색품질 체크를 해가면서 상품명을 잘 선정해 나가시기 바랍니다.

그리고 이번 책의 예시에는 없는데, 종종 카테고리로 구분되지 않은 키워드들이 있습니다. 이런 키워드들이 정말 좋은 키워드입니다. 어느 카테고리던 상관 없이 상품 등록을 해도 되는 키워드거든요.

카테고리 구분이 되지 않은 키워드란 네이버 쇼핑에 특정 키워드 검색 시 1페이지에 노출된 키워드에 매칭된 카테고리가 2개 이상인 경우를 의미합니다. 이런 키워드는 아직 명확한 카테고리 매칭이 되지 않았기 때문에 어느 카테고리에 매칭해도 상관이 없습니다. 조합 키워드로서 활용하기 좋은 키워드들입니다.

만약 여러분이 상품을 소싱할 때 상품이 아닌 키워드를 먼저 찾고, 좋은 키워드 위주로 상품명까지 구성을 한 상태로 상품을 가지고 온다면 '어떤 컨셉의' 상품을 소싱할지에 대한 방향성이 정해지게 됩니다. 필자가 정한 상품명에 따르면, 우대갈비 중에서도 우대왕갈비를 소싱하면 되는 것이며, 상세 페이지의 컨셉 또한 왕갈비 컨셉으로 진행해주면 되는 것입니다.

만약 필자가 방향성을 캠핑용으로, 키워드를 좀 더 캠핑용으로 많이 찾아왔다면 상세 페이지의 구성에 캠핑이라는 키워드를 더 많이 소구했을 것입니다. 일차적으로는 이렇게 상품 등록을 한 후에 어느 정도 판매량이 뒷받침 서는 때가 되면 〈캠핑〉 관련 키워드들을 상품명 뒷부분에 추가해줄 예정입니다. 도장 깨기 식으로 약한 키워드를 먼저 공략하면서 처음 타겟으로 잡은 캠퍼들을 위한 캠핑 쪽 키워드를 추가하는 전략이죠!

그리고 이렇게 찾은 키워드들은 모두 상세 페이지에 키워드를 사용해주면 좋습니다. 상세 페이지를 구성할 때는 이미지 1장의 상세 페이지만 구성하기 보다는 블로그 형태의 〈이미지+텍스트〉 구성이 좋습니다. 그래야 내가 찾은 키워드들을 1번이라도 더 언급할 수 있기 때문입니다.

이미지 역시 쇼핑 알고리즘에서 작지만 소소한 쇼핑 점수를 챙기기 좋습니다. 저 같은 경우에는 이미지를 저장할 때 〈상품명〉과 동일하게 이미지를 저장해서 네이버 봇이 키워드를 한 번이라도 더 인식할 수 있게끔 하는 편입니다.

▲ 상품 등록 〉 검색 설정 〉 태그

태그를 입력할 때는 자신이 찾은 키워드를 하나씩 입력하면서 이렇게 선택할 수 있는 키워드 위주로 선택해주는 것이 좋습니다. 네이버에서 분류한, 네이버 태그 사전에 등록된 태그 키워드이기 때문입니다. 태그 키워드로 분류되지 않은 키워드 보다 태그 키워드로 분류된 키워드를 활용하는 것이 검색 상위노출에 더 유리하며, 상품명에 사용하지 않은 키워드도 태그에 키워드를 사용하면 검색 노출이 될 수 있습니다.

3-4. 쇼핑/블로그용 키워드 엑셀표 정리하기

키워드는 크게 정보성 키워드와 쇼핑 키워드 두 가지로 구분해주시면 좋습니다. 정보성 키워드는 정보를 얻기 위해 검색하는 키워드를 의미하며, 쇼핑 키워드는 상품/서비스를 구매하기 위해 검색하는 키워드를 쇼핑 키워드라고 합니다. 키워드를 더 세분화해서 구분할 수 있지만 쉽게 이해할 수 있도록 두 가지로 구분이 된다고만 설명 드리겠습니다.

- 정보성 키워드 = 블로그 우선
- 쇼핑 키워드 = 스마트스토어 우선

이렇게 간단하게 생각해주시면 됩니다. 정보성 키워드, 예를 들어〈우대갈비 굽는법〉, 〈~ 하는 법〉, 〈~ 추천〉과 같은 키워드는 쇼핑 탭에서의 검색은 거의 없습니다. 거의 VIEW, 블로그 검색을 통해 정보를 얻기 위한 정보 탐색용 키워드입니다.

〈우대갈비〉, 〈캠핑소고기〉와 같은 키워드는 정보성 키워드로 볼 수도 있지만 대체로 해당 상품을 구매하기 위한 쇼핑 키워드입니다. 특히 네이버가 아닌 쿠팡이나 11번가와 같은 종합몰, 오픈마켓, 소셜커머스와 같은 플랫폼에서의 검색이라면 당연히 해당 상품을 구매하기 위한 쇼핑 키워드의 성격이 훨씬 강합니다.

아무리 쇼핑 수가 적고 검색량이 많아도 네이버 쇼핑에 써서는 안 되는 키워드들이 있는 법이고, 아무리 VIEW 월 발행량수가 적고, 검색량이 많아도 블로그에 써서는 안 되는 키워드들이 있는 법입니다.

보통 이런 키워드들을 구분할 때는 검색자의 '의도'를 따져봅니다. 그래서 항상 키워드를 사용하기 전에 해당 키워드를 검색하는 검색자들은 어떤 의도를 가지고서 키워드를 검색할지 충분히 고민을 해보신 후에 어느 탭에 사용할지 정한 후 활용하시는 것이 좋습니다. 어렵다면 네이버에 해당 키워드를 직접 검색 해보시기 바랍니다. 검색했을 때 최상단에 뜨는 탭이 유저들이 검색 후 가장 많이 찾는 탭이라는 것을 의미하기 때문입니다.

자 그럼, 지금부터 블로그/쇼핑 키워드를 활용하는 방법에 대해서 설명해드리도록 하겠습니다.

	A	B	C	D	E	F
1	키워드	조회수	VIEW 월 발행량	쇼핑수	카테고리	상품명
2	대왕갈비	1410	1230	76	수입산쇠고기	
3	소생갈비	1790	1692	77	수입산쇠고기	
4	소왕갈비	780	1118	194	수입산쇠고기	
5	비프립	4920	271	322	수입산쇠고기	
6	왕갈비	4390	5846	350	수입산쇠고기	
7	캠핑 바베큐 세트	1090	1755	378	국내산돼지고기	
8	립아이 스테이크	2660	894	460	수입산쇠고기	
9	캠핑우대갈비	4670	667	525	수입산쇠고기	
10	립아이	5100	1028	713	수입산쇠고기	
11	캠핑 고기세트	3670	3826	789	국내산돼지고기	
12	우대갈비	97600	4795	1900	수입산쇠고기	우대갈비 대왕 소생갈비 비프립 우대 립아이 소 왕갈비
13	캠핑 음식	127600	25758	2204	닭양념육	
14	캠핑고기	11130	28421	2700	국내산돼지고기	
15	캠핑 고기 추천	560	10684	2700	국내산돼지고기	
16	캠핑 소고기	2020	6266	2700	수입산쇠고기	
17	소갈비	29480	7115	2900	수입산쇠고기	
18	꽃갈비	2840	1497	3700	수입산쇠고기	
19	프라임소고기	2260	1016	5100	수입산쇠고기	
20	미국산 la갈비	740	473	5100	수입산쇠고기	
21	LA갈비	69160	6715	12000	수입산쇠고기	
22	엘에이갈비	4640	485	12000	수입산쇠고기	

▲ 엑셀 시트 나누기

시트를 2개로 나누어 줍니다. A~F열 전부를 복사하여 〈쇼핑용〉〈블로그용〉시트에 모두 붙여넣기 해 줍니다.

쇼핑용 시트에는 〈VIEW 월 발행량〉 데이터가 필요 없으므로 삭제해줍니다. 그리고 필터 기능을 활용해서 쇼핑수 오름차순 정렬을 해주고, 쇼핑수가 적은 키워드들을 우선적으로 사용할 것을 고려해주는 것이 좋습니다.

물론 위에서 이야기한 대로 경쟁강도가 낮다고 해서 무조건 상위노출이 잘 되는 것은 아니지만 쇼핑수가 낮을수록 1페이지에 올라갈 가능성이 높은 것은 사실입니다. 위의 엑셀표만 보더라도 쇼핑수가 매우 적은 키워드들이 눈에 띄는 것들이 있죠? 조회수도 그리 나쁘지 않습니다. 키워드는 도장 깨기 하듯이 활용하면 좋습니다. 경쟁강도가 약한 키워드부터 하나씩 천천히. 그러다 보면 메인 키워드까지도 도전해볼 수 있습니다.

경쟁강도가 약한 키워드와 메인 키워드를 우선적으로 사용할 것을 염두에 두고 지금껏 설명해드렸던 〈상품명 정하기〉를 적용해주시면 됩니다.

	A	B	C	D	E
1	키워드	조회수	VIEW 월 발행량	블로그 제목	서브키워드
2	수입 소왕갈비	20	12		
3	통비프립	180	26		
4	프라임우대갈비	330	32		
5	프라임 립아이	180	35		
6	우대왕갈비	20	38		
7	블랙 앵거스 la갈비	230	82		
8	우대갈비1kg	430	123		
9	프라임립아이	180	140		
10	비프립 바베큐	120	153		
11	la 꽃갈비	300	177		
12	뼈갈비	400	181		
13	비프립	4920	271		
14	우대꽃갈비	140	309		
15	우대갈비바베큐	190	378		
16	우대갈비 굽기	120	380		
17	캠핑용 고기세트	180	416		
18	미국산 프라임 소고기	110	417		
19	미국산 소고기 수입	30	432		
20	미국산 la갈비	740	473		
21	옐에이갈비	4640	485		
22	우대갈비스테이크	130	587		

▲ 블로그용 키워드 엑셀 관리

이번엔 블로그용 키워드 시트로 넘어가 보겠습니다.

블로그용 키워드를 볼 때는 쇼핑수와 카테고리는 필요 없습니다. 네이버 쇼핑 키워드를 볼 때 〈상품명〉을 추가했던 것처럼 〈블로그 제목〉과 〈서브 키워드〉를 추가해줍니다.

필터 기능을 활용해서 〈VIEW 월 발행량〉 오름차순 정리 해줍니다. 네이버 쇼핑과 마찬가지로 블로그도 경쟁강도가 적다고 해서 무조건 상위노출이 되는 것은 아니긴 하지만, 네이버 쇼핑에 비하면 블로그는 경쟁강도가 적을수록 상위노출할 가능성이 훨씬 높아집니다. 그래서 블로그용 키워드를 사용할 때는 항상 경쟁강도가 적은 키워드를 우선적으로 사용하는 것이 좋습니다.

지금은 필자가 예시 자료이기 때문에 많은 키워드를 찾아오지 않아 VIEW 월 발행량수가 전체적으로 높은 편이지만, 더 많은 세부 키워드를 찾아오게 되면 조회수도 높고 VIEW 월 발행량수는 적은 키워드가 많습니다.

사실 네이버 쇼핑용 키워드를 찾는 것 보다 블로그용 키워드를 찾는 것이 종류도 더 많고 훨씬 찾기 쉬운 편입니다. 그래서 본격적으로 네이버 쇼핑, 스마트스토어를 하기 이전에 블로그를 운영하면서 먼저 키워드를 활용하는 방법을 연습해 두시면 네이버 쇼핑에서도 키워드의 활용을 훨씬 다채롭게 할 수 있습니다.

또한, 네이버 블로그의 알고리즘과 네이버 쇼핑의 알고리즘은 닮은 부분이 정말 많습니다. 그렇기에 초보 판매자일수록 블로그 운영은 필수라는 것을 말씀드리고 싶습니다. 어차피 우리는 마케팅도 해야 합니다. 마케팅을 할 때 블로그 마케팅은 필수이고요.

언젠간 블로그 체험단을 운영하게 될 텐데 만약 내가 투데이 500정도 되는 블로그를 운영하고 있다면 정말 많은 마케팅 비용을 아낄 수 있습니다. 특정 키워드의 VIEW 상위노출을 위해 사용할 비용을 아끼고 내 블로그에 직접 포스팅 하면 되니까요.

블로그용 키워드도 철저하게 도장 깨기 한다고 생각하시면 됩니다. 경쟁강도가 낮은 키워드부터 하나씩 사용해주시면 됩니다.

블로그 제목에는 네이버 쇼핑 때와 마찬가지로 메인 키워드로 사용할 키워드를 가장 맨 앞에 고정적으로 사용하는 것이 좋습니다. 그래서 블로거들이 가장 많이 사용하는 방법 중에 하나가 [중괄호]입니다. 중괄호 안에 키워드를 넣는 것이죠. 하지만 이 방법은 다소 상업적으로 보일 수도 있기 때문에 요즘은 많이 활용되는 방법은 아닙니다.

스토리텔링 형태로 제목을 구성하되, 가장 중요한 키워드를 맨 앞에 넣어서 활용하는 방법을 연습하시기 바랍니다. 이 방법은 네이버 쇼핑과 블로그 모두에 적용되는 부분입니다.

블로그의 상위노출 알고리즘 중 '키워드 사용 지수'가 있습니다. 내가 내 블로그에 '우대갈비'라는 키워드를 사용한 이력이 많이 있으면 상위노출할 가능성이 높아지는 것입니다. 그럼 내가 우대갈비 키워드를 상위노출 하고 싶으면 어떻게 하면 될까요?

1) 우대갈비라는 키워드를 메인 키워드로 사용하고, 2) 상위노출을 위한 포스팅을 하기 이전에 블로그에서 우대갈비 키워드를 많이 언급해 놓으면 좋습니다.

	A	B	C	D	E
1	키워드	조회수	VIEW 월 발행량	블로그 제목	서브키워드
2	수입 소왕갈비	20	12		통비프립
3	통비프립	180	26		프라임우대갈비
4	프라임우대갈비	330	32		프라임 립아이
5	프라임 립아이	180	35		우대왕갈비
6	우대왕갈비	20	38		블랙 앵거스 la갈비
7	블랙 앵거스 la갈비	230	82		우대갈비1kg
8	우대갈비1kg	430	123		프라임립아이
9	프라임립아이	180	140		비프립 바베큐
10	비프립 바베큐	120	153		la 꽃갈비
11	la 꽃갈비	300	177		뼈갈비
12	뼈갈비	400	181		비프립
13	비프립	4920	271		우대꽃갈비
14	우대꽃갈비	140	309		우대갈비바베큐
15	우대갈비바베큐	190	378		우대갈비 굽기
16	우대갈비 굽기	120	380		캠핑용 고기세트
17	캠핑용 고기세트	180	416		미국산 프라임 소고기
18	미국산 프라임 소고기	110	417		미국산 소고기 수입
19	미국산 소고기 수입	30	432		미국산 la갈비
20	미국산 la갈비	740	473		엘에이갈비
21	엘에이갈비	4640	485		우대갈비스테이크
22	우대갈비스테이크	130	587		우대갈비 숯불

▲ 블로그 포스팅 순서 정하기

그래서 블로그 포스팅을 할 때는 항상 다음에 사용할 키워드를 미리 준비해 두어야 합니다. 서브 키워드 자리에는 다음 번에 사용할 키워드를 적어줍니다. A열 3행(통비프립)부터 끝까지를 F열 2행(통비프립)에 그냥 복사 붙여넣기 해주시면 됩니다! 그리고 제목은 쇼핑 상품명을 썼던 것처럼 두 개의 키워드를 스토리텔링으로 만들어주면 됩니다.

〈수입소왕갈비〉〈통비프립〉두 개의 키워드를 잘 조합해주는 것이죠. 아까도 말씀드린 것처럼 〈수입소왕갈비〉라는 메인 키워드는 맨 앞에 고정입니다!

필자라면 이 두 개의 키워드를 "수입소왕갈비 ○○에서 구매! 통비프립 요리 해먹었어요" 이런 식으로 블로그 제목을 지정해주고 본문과 태그에 이 키워드들을 적절히 배치하여 사용해줄 것 같습니다.

블로그 포스팅 시 키워드 반복을 몇 번이나 해야 할지 모르겠다면 10번 정도 반복한다고 생각해주시면 되겠습니다!

초보자 분들께 가장 좋은 방법은, 이미 상위노출이 되어 있는 포스팅의 구성을 똑같이 따라하는 것입니다. 상위노출이 된 원고의 구성을 따라서 키워드의 배치, 이미지의 활용을 따라하면서 익혀주는 것입니다. 광고 대행사에는 '상위노출 원고 작성'이라는 상품/서비스도 판매하고 있습니다. 그만큼 상위노출을 위한 원고도 전문적인 스킬이 있다는 것을 의미하는데요, 보통 상위노출을 위한 원고는 기존에 상위노출이 되어 있는 포스트들을 바탕으로 만들어집니다.

경쟁강도가 낮은 키워드들은 블로그를 직접 운영하면서 상위노출을 공략하는 것이 좋습니다. 경쟁강도가 높고, 상위노출이 힘든 키워드는 블로그 체험단이나 기자단을 통해서 진행하면 됩니다.

블로그 포스팅의 목적도 결국은 상위노출입니다. 아무리 포스팅을 잘 썼다고 한들 상위노출이 되지 않으면 아무도 내 글을 봐주지 않기 때문입니다. 물론, 매출을 잘 발생시키기 위해선 글쓰기 연습도 필요합니다. 하지만 그 전에 상위노출이 먼저라는 점을 꼭 인지하시기 바랍니다.

필자의 경우 모든 마케팅의 시작을 블로그 체험단을 진행하는 편입니다. 블로그 체험단을 진행해서 특정 키워드의 상위노출이 발생했을 때 매출이 나오지 않는다면 해당 상품에 문제가 있다는 것을 의미한다고 보기 때문입니다. 많은 사람들이 블로그 후기 글을 보았을 텐데 구매까지 연결되지 않았음을 의미하기 때문입니다.

블로그 체험단을 진행했고, 원하는 키워드의 상위노출도 발생했는데 매출이 따라오지 않는다면 정말 고민을 해봐야 합니다. 상품의 경쟁력이 떨어지는지? 상세 페이지가 매력적이지 않는지? 상품의 구성이 잘못 되지는 않았는지? 가격을 너무 비싸게 책정한 것은 아닌지? 일반적으로 블로그를 보고 스토어로 들어오는 경우엔 전환율이 꽤 높은 편인데 기대 이하의 전환율을 보인다면 내가 놓치고 있는 부분은 없는지 한 번 고민해 보시기 바랍니다.

CHAPTER 04

최저 비용으로 최대 효율 내는 CPC 광고

세부 키워드 활용하기

4-1. 네이버 검색광고에 세부 키워드로 등록하기

지금까지 찾은 키워드를 최소 CPC(70원)으로 설정해서 검색광고에 활용하는 방법을 설명드리겠습니다. 개인적으로 네이버 쇼핑/스마트스토어를 운영함에 있어 꼭 해야 하는 광고 2가지를 꼽으라면 블로그 운영/체험단과 네이버 검색광고를 추천드립니다. 최소한의 비용으로 최대의 효율을 낼 수 있기 때문입니다.

여기에 광고를 몇 가지 추가한다면 네이버 쇼핑 검색광고, 파워 콘텐츠, 네이버 GFA, 페이스북/인스타그램 스폰서 광고, 인플루언서 마케팅을 추천드리고 싶습니다. 초보자 분들이 다루기에는 다소 난이도가 있을 수 있으니 우선은 기본적인 네이버 SEO, 스마트스토어와 블로그 운영, 네이버 검색광고의 세부 키워드 관리를 먼저 배운 후에 다른 마케팅에 대해 차근 차근 배워나가시기 바랍니다. 대체로 네이버 먼저 친해지고 다른 플랫폼의 광고를 이용해보시는 게 좋습니다!

우선 검색광고가 무엇인지 간단하게 설명 드리겠습니다.

▲ 네이버 PC 우대갈비 검색 결과

▲ 네이버 모바일 우대갈비 검색 결과

네이버 검색광고의 가장 대표적인 노출 위치는 네이버 통합 검색에서 키워드 검색 시 노출되는 파워링크입니다. 키워드별 광고 단가가 다르며, 클릭 당 비용이 발생하는 CPC 과금 형태입니다. CPC 비용이 결정되는 형태는 얼마나 많은 광고주가 해당 키워드를 노출하기 위해 얼마까지의 비용을 지불할지에 대한 '경매 입찰'을 통해서 이루어집니다. 당연히 키워드의 조회수가 높을수록 검색광고를 통한 유입량을 늘리고자 하는 광고주가 많을 테니 입찰당 단가는 높아지겠죠?

그래서 필자는 이번 책을 통해서 내가 사용할 가능성이 조금이라도 있는 키워드는 모두 저장을 해 두는 것이 좋다라고 말씀을 드린 것입니다. 메인 키워드 급의 키워드는 CPC 비용이 너무 비싸기 때문에 세부 키워드를 활용해서 최대한 비용을 절약하는 것을 알려드리고 싶었거든요. 초보자분들일수록 비싼 CPC 키워드를 활용하기 보다는 세부 키워드를 우선적으로 활용하면서 검색광고가 어떤 식으로 노출이 되고, 비용이 어떤 식으로 발생하게 되는지 파악해 보는 것이 중요합니다.

▲ 네이버 검색광고 〉 새 캠페인 만들기

검색광고 〉 새 캠페인 만들기 버튼을 눌러 〈파워링크 유형〉 캠페인을 선택해줍니다.

캠페인 이름과 하루 예산을 설정해준 후

▲ 네이버 검색광고 〉 새 캠페인 〉 추적 기능

고급 옵션 〉 자동 추적 URL 파라미터를 체크하고 저장 후 닫기 버튼을 눌러주세요.

- 스마트스토어의 자동 추적 URL 파라미터 값을 추적하는 프리미엄 로그 분석 설정은 네이버 검색
  광고 > 도구 > 프리미엄로그분석 > 서비스 신청 가능 사이트 에서 조회 및 신청이 가능합니다.

▲ 네이버 검색광고 〉 광고 그룹 만들기

새 광고그룹 버튼을 눌러줍니다.

▲ 네이버 검색광고 〉 광고 그룹 설정

광고 그룹 이름을 적어준 후 URL 칸에 오픈한 스마트스토어 링크를 걸어줍니다.

캡쳐본에는 없지만 하단 부분에 고급 옵션을 통해서 노출 위치를 선택할 수 있습니다. 이번에 제가 알려드리는 것은 최소 입찰가인 70원의 설정을 통해 세부 키워드의 多노출을 목표로 하기 때문에 따로 설정하지 않도록 하겠습니다.

- 일반적으로 모바일/PC로 나누어 설정하여 따로 관리하는 것이 가장 기본적인 검색광고 활용의 기본이며, 노출 위치 또한 몇몇 노출 위치는 전혀 효과가 없기에 아예 노출 위치 자체를 끄는 편입니다.

▲ 네이버 검색광고 〉 새 소재 만들기

새소재 버튼을 눌러서 검색광고에 노출될 소재 세팅을 해줍니다.

제목과 설명에는 〈키워드 삽입〉 기능을 통해서 사용하는 키워드가 더 눈에 잘 띌 수 있도록 설정해줍니다.

또한 연결 URL은 랜딩페이지(상세페이지)로 연결될 수 있도록 잘 체크해줍니다.

- 네이버 검색광고의 기본적인 매뉴얼 VOD는 제 유튜브 채널에 업로드 되어 있습니다. 조금 더 자세한 설명과 매뉴얼 내용이 필요하신 분들은 아래 링크를 참고해주시기 바랍니다.
  https://www.youtube.com/watch?v=kQ4G66mZVMw

▲ 네이버 검색광고 〉 대량 관리

네이버 검색광고의 도구 〉 대량 관리로 접속합니다.

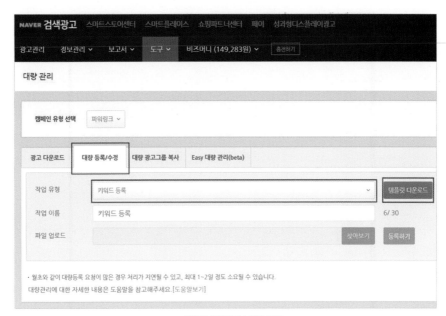

▲ 네이버 검색광고 > 대량 관리

대량 등록/수정 > 키워드 등록 > 템플릿 다운로드 버튼을 눌러 대량 등록을 위한 템플릿을 다운로드 받아줍니다.

▲ 네이버 검색광고 > 광고 그룹

다시 광고 관리자로 돌아와 사용자 설정 > 새로운 사용자 설정 버튼을 눌러줍니다.

▲ 네이버 검색광고 〉사용자 설정

아래 광고그룹ID를 체크해줍니다.

▲ 네이버 검색광고 〉광고 그룹

해당 광고 그룹 ID를 복사합니다.

▲ 네이버 검색광고의 키워드 대량 등록 템플릿

다운로드 받은 템플릿에 광고그룹 ID를 넣고, 찾았던 키워드를 복사 붙여넣기 해줍니다.

키워드를 연결할 랜딩페이지(상세 페이지)를 넣고 키워드 입찰가는 모두 70원으로 설정하면 대량 키워드 등록이 끝납니다.

우선은 모든 키워드를 70원으로 설정한 이후에 개별 키워드에서 매출이 발생할 경우 키워드의 단가를 더 높여서 노출을 끌어 올려 추가적인 노출과 매출의 상승을 기대할 수 있습니다.

지금까지 알려드린 검색광고 활용 방법은 세부 키워드용 활용법에 대한 안내였습니다. 이렇게 진행을 하시다가 검색광고의 효율이 나오는 키워드들, 좀 더 노출을 많이 하고 싶은 키워드들은 별도의 광고 그룹을 만들어서 CPC 비용을 높이고 따로 관리해주시면 됩니다.

- 주의! 타사 브랜드명이나 타사 브랜드 상품명을 쓰시면 안 됩니다. 잘 걸러서 사용해주세요.

▲ 네이버 검색광고 〉 소재(키워드) 〉 입찰가 변경

매출이 잘 나오는 키워드는 조금 더 투자를 해서 노출을 높여주면 좋습니다. 키워드를 선택한 후 〈입찰가 변경〉을 눌러서 키워드 입찰가(CPC)를 높여줍니다.

입찰가 일괄 변경과 개별 변경이 있는데, 큰 차이는 없습니다.

▲ 네이버 검색광고 〉 입찰가 변경 〉 개별 입찰가 변경

필자는 이런 식으로 모바일 최소노출 입찰가와 모바일 3~4위 노출 입찰가를 확인한 이후 최대 입찰가를 적용하여 설정하고 있습니다. 키워드 별 적당한 입찰가 계산 공식은 따로 있지만, 초보자 분들께서는 소액으로 최대 300원 이하의 광고만을 집행하실 것을 권장합니다.

- 네이버 검색광고와 관련하여 좋은 매뉴얼 내용이 있는 사이트가 있어 추천드립니다.
  https://forms.gle/zMfiKmaxogHKgeXQ9

4-2. 네이버 쇼핑 검색광고 등록하는 방법

네이버 쇼핑 검색광고는 정말 쉽게 등록이 가능합니다. 마찬가지로 소액으로 쇼핑 검색광고를 활용하는 방법에 대해서 안내 드리도록 하겠습니다.

검색광고와 쇼핑 검색광고의 가장 큰 차이점은 키워드 노출 방식입니다. 검색광고의 경우 내가 원하는 키워드를 정확히 입력해야만 노출되는 방식이지만, 쇼핑 검색광고의 경우에는 내가 입력한 상품명에 있는 키워드 + a로 네이버의 AI가 판단했을 때 유사성이 높은 키워드까지 네이버 쇼핑 검색광고에 노출시켜줍니다. 그래서 키워드의 확장성이 검색광고에 비해서 높다는 장점이 있지만, 불필요한 키워드의 노출까지도 발생한다는 단점을 가지고 있습니다.

▲ 네이버 검색광고 〉 광고 만들기 〉 쇼핑 검색 유형

네이버 검색광고에서 광고 만들기, 쇼핑 검색 유형을 선택해줍니다.

▲ 네이버 검색광고 〉 광고 만들기 〉 쇼핑 검색 유형

캠페인 이름을 적고 〈저장하고 계속하기 버튼〉을 눌러주세요.

▲ 네이버 검색광고 〉 쇼핑 검색광고 〉 쇼핑몰 상품형

쇼핑몰 상품형을 선택해줍니다.

▲ 네이버 검색광고 〉 쇼핑 검색광고 〉 광고그룹

광고 그룹 이름을 설정한 후 저장 버튼을 눌러주세요. 네이버 쇼핑 검색광고가 처음이라면 인증 단계를 거치는데, 스마트스토어 이용시 네이버 쇼핑 발급 ID가 있습니다. 가이드에 따라 진행하면 어렵지 않게 입력할 수 있습니다

▲ 네이버 검색광고 〉 쇼핑 검색광고 〉 소재 추가

검색하기 버튼을 누른 후 쇼핑 검색광고에 추가하고자 하는 상품을 추가해주시면 끝입니다. 정말 간단하게 네이버 쇼핑 검색광고의 설정이 끝이 납니다. 네이버 쇼핑 검색광고는 기본 CPC 50원으로 매우 저렴하게 광고를 집행할 수 있다는 장점을 가지고 있습니다. 물론, 특정 키워드의 상위노출을 위해서는 입찰가를 더 높여주어야 합니다.

▲ 네이버 검색광고 〉 쇼핑 검색광고 〉 소재 〉 상세보기

상세 보기 버튼을 눌러서 내가 원하는 키워드의 노출을 추가할 수도 있습니다.

▲ 네이버 검색광고 〉 쇼핑 검색광고 〉 소재 〉 상세보기

오른쪽 상단의 설정 버튼을 눌러주세요.

▲ 네이버 검색광고 〉 쇼핑 검색광고 〉 소재 〉 상세보기 〉 수정

노출용 상품명을 따로 지정할 경우 내가 입력한 상품명이 아닌, 다른 상품명(키워드)로 노출이 됩니다. 물론 네이버 쇼핑 검색광고에 노출되는 키워드 또한 내가 별도로 설정한 키워드로 노출이 발생하니 이 점을 꼭 참고해주세요. (25글자의 제한이 있어, 내가 원하는 키워드의 등록이 가능하지만 많은 키워드의 노출은 기 대하기 어려울 수 있습니다.)

하나의 상품을 여러 번 등록하게 될 경우 네이버에서는 중복 상품으로 제재를 합니다만, 하나의 상품 을 여러 개의 버전으로 번들 구성을 하는 꼼수를 활용할 수 있습니다. 하나의 상품을 여러 버전으로 여 러 개 등록해서 네이버 쇼핑 검색광고에 다양한 키워드를 활용하는 것이죠. 네이버 쇼핑에 사용할 키 워드는 많은데, 상품은 한정적인 경우 번들 전략을 통해서 상품 등록을 하고 네이버 쇼핑 검색광고의 수정 기능을 통해서 내가 찾은 모든 키워드의 상위노출을 공략할 수 있습니다.

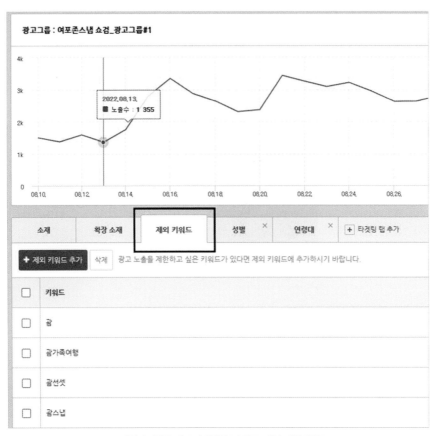

▲ 네이버 검색광고 〉쇼핑 검색광고 〉광고 그룹 〉제외 키워드

키워드의 노출을 원치 않는 키워드는 제외 키워드의 기능을 활용해서 노출 키워드에서 제외시킬 수 있습니다. 자주 모니터링 하면서 불필요한 노출 키워드는 빼서 불필요하게 발생하는 CPC 비용을 아낄수 있습니다.

- 네이버 쇼핑 검색광고 관련 VOD도 필자 유튜브에 있습니다.
  https://www.youtube.com/watch?v=eX1PuJQ7oMY

부록 3. 아이보스의 키워드 조합기 활용하기

생각보다 세부 키워드에서 매출이 많이 발생하는 편입니다. 세부 키워드를 통한 문의도 많은 편이고요. 메인 키워드에 비해 노출량은 현저히 낮지만, 클릭율과 전환율이 훨씬 높습니다. 그래서 세부 키워드는 다다익선이라고 생각합니다. 검색광고를 잘 하는 분들도 공통적으로 많이 말씀하시는 것 중 하나가 "세부 키워드의 꾸준한 추가"입니다. 필자도 하나의 상품에 1만 개 이상의 세부 키워드를 관리하고 있으며, 이 세부 키워드들로 인해 몇몇 캠

▲ 아이보스 〉 키워드 조합기

페인은 몇 만대의 ROAS(Return On Ads Spend)를 기록하고 있습니다.

아이보스(www.i-boss.co.kr)의 맨 하단에 〈키워드 조합기〉가 있습니다.

▲ 아이보스 〉 키워드 조합기

메인급 키워드들 앞뒤에 +α로 붙일 수 있는 키워드를 전부 붙여주는 기능입니다. 이런 조합형 세부 키워드들은 검색량은 매우 적지만 클릭율과 전환율이 매우 높고, CPC가 항상 낮아서 ROAS가 잘 나온다는 장점이 있습니다. 세부 키워드를 꾸준히 추가해서 전체 노출을 향상시키면서 브랜드 이름과 함께 전체 클릭수를 높일 수 있도록 검색광고를 관리해주는 것이 좋습니다.

지금까지의 내용이 네이버 검색광고와 쇼핑 검색광고의 간단한 매뉴얼 내용이었다면, 지금부터 설명해드릴 내용은 필자만의 노하우가 조금 추가된 검색광고와 쇼핑 검색광고의 활용법에 대해서 설명해드리도록 하겠습니다.

필자는 키워드를 소싱할 때 단순히 네이버 쇼핑용 키워드만 소싱하는 것이 아니라 블로그와 네이버 검색광고용 키워드도 함께 소싱한다는 내용을 앞에서 언급했고, 이에 대한 노하우를 공유했습니다. 책에서의 마지막 내용은 소싱할 때 뽑아 두었던 모든 키워드를 검색광고와 쇼핑 검색광고에 키워드 조합 및 확장을 통해 모두 사용하는 방법, 적은 비용으로 많은 노출과 최대 매출을 낼 수 있는 방법에 대해서 설명해드리도록 하겠습니다.

- 아이보스의 키워드 조합기 외 〈마피아넷〉이라는 사이트도 키워드 조합 기능을 제공하고 있습니다. 필자는 아이보스의 기능이 익숙해서 아이보스를 이용하고 있지만, 마피아넷도 활용해보시고 더 편하신 프로그램을 활용하시길 권장 드립니다.

키워드 조합: 세부 키워드 공략하기

	A	B	C	D	E	F	G	H	I	J	K
1	키워드	월간검색량(Total)	VIEW월발행량	카테고리	상품수						조합키워드
2	우대갈비	171100	6608 수입산쇠고기		2074						생
3	캠핑음식	87700	27874 갈비찜		6266						원육
4	갈비찜	83420	14234 수입산쇠고기		14914						미국산
5	la갈비	61590	8565 수입산쇠고기		3385						소고기
6	캠핑요리	44040	17979 수입산쇠고기		6983						가격
7	차돌박이	42700	19394 수입산쇠고기		2476						파는곳
8	살치살	30700	12074 수입산쇠고기		10575						추천
9	소갈비	24070	7657 수입산쇠고기		4075						구이
10	티본스테이크	20130	2585 수입산쇠고기		1891						프라임
11	부채살	20010	10199 수입산쇠고기		1749						스테이크
12	토시살	18210	3859 수입산쇠고기		1269						수입
13	캠핑 준비물 리스트	17690	408 수입산쇠고기		2606						구이용
14	캠핑준비물리스트	17690	408 수입산쇠고기		475						소
15	소갈비살	16360	10012 한우		12787						미국
16	캠핑 음식 추천	13270	11316 수입산쇠고기		1711						캠핑
17	캠핑음식추천	13270	11316 국내산돼지고기		784						쇠고기
18	치마살	12720	3097 수입산쇠고기		683						

▲ 100개의 키워드를 찾았다면 조합 키워드를 통해 300개의 키워드로 확장할 수 있습니다.

네이버 검색광고에서 가장 높은 전환율과 ROAS를 기록하는 키워드가 어떤 키워드인지 아시나요? 아마 브랜드의 검색광고를 해본 적이 있는 분들이라면 너무 쉽게 정답을 맞추실 수 있으리라 생각합니다. 바로 브랜드 키워드와 세부 키워드입니다. 브랜드 키워드란 '브랜드명' '상품명' '상품코드' 등의 브랜드 고유 키워드를 의미합니다. 그 다음으로 전환율과 ROAS가 많이 기록되는 키워드가 바로 세부 키워드입니다. 그래서 검색광고를 등록할 때는 키워드가 많으면 많을수록 좋습니다. 다다익선이죠.

보통 세부 키워드는 항상 마지막에 검색하는 키워드이거나 디테일하게 알아보기 위해 검색하는 키워드입니다. 예를 들어, '캠핑용소고기세트'를 구매하고자 하는 소비자가 있을 때 해당 소비자는 '캠핑소고기'(메인 키워드)를 검색해본 후 이것저것 둘러본 후에 '캠핑용소고기세트'(세부 키워드) 나 '캠핑용소고기모둠'(세부 키워드) 을 검색할 것입니다.

아주 단적인 예시를 들긴 했습니다만, 소비자가 구매를 하기 바로 직전에 세부 키워드가 걸려 있기 때문에 대표 키워드나 메인 키워드 보다 세부 키워드의 구매 전환율과 ROAS가 높을 수밖에 없습니다.

하지만 역시 세부 키워드의 단점은 검색량이 매우 적다는 것입니다. 월간 100이하의 검색량을 가지고 있는 키워드들을 세부 키워드라고 기준을 잡고 CTR, 클릭률을 1%라고 가정했을 때 1달에 1클릭밖에 발생하지 않는 키워드입니다. 유입 자체가 적으니 당연히 해당 키워드를 통한 매출도 적을 수밖에 없겠죠.

하지만, 이런 키워드가 100개라면 월 100건의 유입이 발생하고, 1,000개라면 1,000건의 유입이 발생하는 것입니다. 그래서 세부 키워드의 등록은 다다익선입니다. 세부 키워드는 해당 키워드를 입찰하고자 하는 광고주도 매우 적기 때문에(세부 키워드를 찾는데 많은 시간이 소요되기 때문에) CPC 단가도 매우 적은 가격으로 형성되어 있습니다.

다양한 세부 키워드를 운용하기 위해서는 '조합 키워드'를 활용해주는 것이 좋습니다. 조합 키워드란 '특정 키워드'와 결합해서 새로운 키워드를 만들어내는 단어들을 조합 키워드라고 합니다. 위의 엑셀 표에 '생', '원육', '구이'와 같은 키워드들을 조합 키워드라고 합니다.

'갈비' 키워드에 위 조합 키워드 3개가 들어가면 '생갈비', '갈비원육', '갈비구이'라는 키워드가 만들어지게 됩니다. 만약 100개의 키워드를 찾았다면 조합 키워드를 앞에 붙임으로서 300개의 키워드로의 확장을, 뒤에 붙음으로서 600개의 키워드로의 확장을 할 수 있는 것입니다.

키워드	월간검색량(Total)	VIEW월발행량	카테고리	상품수	생	생 조합
우대갈비	171100	6608	수입산쇠고기	2074	생	생우대갈비
캠핑음식	87700	27874	갈비찜	6266	생	생캠핑음식
갈비찜	83420	14234	수입산쇠고기	14914	생	생갈비찜
la갈비	61590	8565	수입산쇠고기	3385	생	생la갈비
캠핑요리	44040	17979	수입산쇠고기	6983	생	생캠핑요리
차돌박이	42700	19394	수입산쇠고기	2476	생	생차돌박이
살치살	30700	12074	수입산쇠고기	10575	생	생살치살
소갈비	24070	7657	수입산쇠고기	4075	생	생소갈비
티본스테이크	20130	2585	수입산쇠고기	1891	생	생티본스테이크
부채살	20010	10199	수입산쇠고기	1749	생	생부채살
토시살	18210	3859	수입산쇠고기	1269	생	생토시살
캠핑 준비물 리스트	17690	408	수입산쇠고기	2606	생	생캠핑 준비물 리스트
캠핑준비물리스트	17690	408	수입산쇠고기	475	생	생캠핑준비물리스트
소갈비살	16360	10012	한우	12787	생	생소갈비살
캠핑 음식 추천	13270	11316	수입산쇠고기	1711	생	생캠핑 음식 추천
캠핑음식추천	13270	11316	국내산돼지고기	784	생	생캠핑음식추천
치마살	12720	3097	수입산쇠고기	683	생	생치마살
부채살스테이크	7410	4094	수입산쇠고기	178	생	생부채살스테이크
부채살스테이크	7410	4100	수입산쇠고기	2904	생	생부채살스테이크
야외바베큐	7400	10806	수입산쇠고기	249	생	생야외바베큐
살치살스테이크	7270	3674	수입산쇠고기	652	생	생살치살스테이크
캠핑준비물	6830	3140	수입산쇠고기	88293	생	생캠핑준비물
글램핑 준비물	6800	303	수입산쇠고기	2476	생	생글램핑 준비물
꽃갈비살	6230	2387	X	37	생	생꽃갈비살
소고기양지	6050	3694	수입산쇠고기	375	생	생소고기양지
캠핑요리 추천	5970	7414	수입산쇠고기	434	생	생캠핑요리 추천
엘에이갈비	5260	567	수입산쇠고기	2194	생	생엘에이갈비
소고기구이	5150	26869	수입산쇠고기	90	생	생소고기구이
소고기스테이크	5040	14766	수입산쇠고기	818	생	생소고기스테이크
캠핑 바베큐	4880	11194	수입산쇠고기/한우	1315/1919	생	생캠핑 바베큐
본갈비	4470	29400	수입산쇠고기	754	생	생본갈비
본 스테이크	4290	24375	수입산쇠고기	754	생	생본 스테이크
연말파티	4120	7897	수입산쇠고기	24	생	생연말파티

엑셀의 서식 기능을 활용해서 모든 키워드를 조합하여 세부 키워드를 만들어줍니다.

키워드 소싱을 하면서 찾았던 키워드들을 잘 살펴보면서 조합 키워드를 따로 구분해 놓으세요. 그리고 해당 키워드들을 엑셀의 서식 기능을 활용해서 모든 키워드를 조합해줍니다. 그리고 네이버 검색광고에서 대량 등록해주면 세부 키워드 활용 끝!

- **네이버 검색광고 대량 등록 하는 방법** : 조영빈강사 검색광고 유튜브 링크
  https://www.youtube.com/watch?v=kQ4G66mZVMw

메인 키워드 활용하기: 네이버 쇼핑 검색광고 활용

세부 키워드와 네이버 검색광고를 활용해서 적은 비용으로 최대의 노출과 최대의 효율을 낼 수 있는 방법에 대해서 설명해드렸다면, 이번에 알려드릴 방법은 내가 선택한 메인 키워드, 내게 중요한 키워드를 네이버 쇼핑 탭의 광고 영역에 노출시키는 방법입니다. 네이버 검색광고를 활용해서 세부 키워드를 적은 가격에 많이 노출시키는 방법과는 달리 메인급 키워드를 비싼 CPC 비용으로 노출시킨다는 차이점이 있지만, 메인 키워드를 오가닉으로 상위노출 하기 어려운 상황에서는 가장 최선의 방법이라고 할 수 있습니다.

우선, 키워드를 세분화 시켜줍니다.

- **갈비류** : 갈비 > 생갈비 > 본갈비 > 진갈비 > 황제갈비
- **부채살류** : 부채살 > 부채살스테이크 > 부채살구이 > 소고기부채살
- **갈비찜류** : 갈비찜용고기 > 소고기갈비찜 > LA갈비

네이버 쇼핑 검색광고를 활용하면 위의 모든 키워드를 모두 노출시킬 수 있습니다. 물론 그만큼 광고 비용이 든다는 단점이 있긴 하지만요.

하나의 제품에 여러 개의 키워드가 나온다면, 네이버 쇼핑 검색광고를 활용해 다양한 키워드를 네이버 쇼핑 검색광고를 통해 광고 상위노출을 통해 트래픽을 몰아주고 키워드에 대한 점수를 높여줄 수 있습니다. 하나의 쇼핑 검색광고 캠페인에 여러 개의 광고 세트를 만들고 하나의 광고 소재를 활용하는 방법입니다.

☐	ON	노출가능	키워드2_갈비살	50원	여포스테이크 (https://smartstore.naver.com/ypsteak)	9,504
☐	ON	노출가능	키워드3_부채살	50원	여포스테이크 (https://smartstore.naver.com/ypsteak)	2,394
☐	ON	노출가능	키워드5_토시살 ✏	50원	여포스테이크 (https://smartstore.naver.com/ypsteak)	872
☐	ON	노출가능	키워드6_차돌	50원	여포스테이크 (https://smartstore.naver.com/ypsteak)	504
☐	ON	노출가능	키워드4_살치살	50원	여포스테이크 (https://smartstore.naver.com/ypsteak)	276
☐	ON	노출가능	키워드7_치마살	50원	여포스테이크 (https://smartstore.naver.com/ypsteak)	427

▲ 하나의 상품에 여러 키워드를 몰아주는 전략도 있습니다

필자의 경우에는 하나의 랜딩 페이지에 여러 개의 SKU를 묶음 등록했습니다(하나의 랜딩 페이지에 갈비살, 토시살, 부채살, 차돌박이, 살치살, 치마살을 모두 구매할 수 있도록 상세 페이지를 만들었습니다).

30여 개 정도의 메인급 키워드를 하나의 상세 페이지로 몰아주어 구매와 키워드 점수를 쌓도록 하는 전략입니다. 오가닉으로 상위노출이 어려운 초반에 가장 쉽게 상위노출을 만들기에 좋은 전략이라고 할 수 있습니다. 다만, 검색광고에 비해서 비용이 많이 발생한다는 단점이 확실하기도 합니다.

그리고, 네이버 쇼핑 검색광고는 일단 등록한 모든 상품에 대해서 쇼핑 검색광고를 소액이라도 등록해주시는 것이 좋습니다. 소액의 금액으로 구매 전환이 발생할 수 있음은 물론, 상위노출에도 도움이 되는 방법입니다.

부록 4. 상품명 변경하기

상품명을 변경할 때는 세 가지만 기억하면 됩니다.

  ① 추가할 키워드는 맨 뒤로

  ② 조회수가 적은 키워드는 삭제

  ③ 잘 팔릴 때 변경하기

일단 상품명을 변경할 때 기존의 상품 키워드의 순서가 바뀌는 건 절대로 안 됩니다. 상품 자체가 네이버 쇼핑 순위권 밖으로 밀려날 수도 있기 때문입니다. 그래서 새로운 키워드를 추가할 때는 항상 맨 뒤에 추가해 주셔야만 합니다. 예를 들어서 상품명의 키워드 구성이 A+B+C로 구성되어 있다면 D 키워드를 추가하고 싶을 때, D 키워드를 A~C 사이에 넣으면 안 됩니다. 무조건 A+B+C+D 순서로 가야 합니다. 만약 A 다음으로 가고 싶다면 B와 C 키워드를 삭제하고 D를 넣어준 후 추후에 B와 C를 다시 추가해주어야 합니다.

그리고, 상품명은 가능하면 30자 이내를 유지하는 것이 좋으며 웬만해서는 50자를 절대 넘기지 않는 것이 가장 좋습니다. 판매가 꾸준히 이루어지는 경우 키워드를 지속적으로 추가해서 99자까지 넣을 수도 있긴 하지만, 키워드를 지속적으로 추가함으로써 네이버 쇼핑의 순위권에서 밀려날 수도 있기 때문에 50자 이상의 키워드를 추가할 때는 항상 모니터링을 자주 하면서 키워드를 추가해 주어야만 합니다.

그리고 새로운 키워드를 추가했을 경우엔 가능하면 상품명에 포함된 키워드 중 조회수가 낮은 키워드는 삭제해서 새로운 키워드를 대체하는 것이 좋습니다.

또한, 상품명의 변경은 가능하면 잘 팔릴 때 해주는 것이 좋습니다. 상품명이 바뀌게 되면 네이버의 쇼핑 알고리즘의 검수를 다시 받게 되는데 이 때 판매가 미지근하면 순위가 떨어지게 됩니다. 그래서 상품명을 바꾸기 전후로 상품의 판매가 잘 이루어질 때 상품명을 바꾸어 주는 것이 좋습니다.

필자는 상품명을 바꾸기 전후로 추가적인 마케팅을 진행해서 매출이 올라오는 것을 확인한 후에 상품명을 바꿔주고 있습니다.

MEMO

SEO 실전,
상위노출 활용하기

CHAPTER 05

네이버 지도 SEO

지금부터는 네이버 지도 & 스마트 플레이스의 상위노출에 대해서 설명해드리겠습니다. 오프라인 매장이 있는 경우 온라인만 하는 것 보다 훨씬 유리합니다. 활용할 수 있는 매체나 콘텐츠는 물론, 고객 분석에 훨씬 용이하기도 하고, 고객 경험을 좋게 만들 수 있기 때문입니다.

오프라인 마케팅에 있어 가장 기본이 될 수 있는 네이버 지도의 활용의 효과는 확실합니다. 오프라인 마케팅에 있어서 네이버의 그 어떤 상위노출보다 강력한 효과를 보여줍니다.

다음의 4장의 이미지는 11~2월의 스마트 플레이스 유입 통계입니다. 12월까진 스마트 플레이스의 SEO가 적용되지 않은 상태였으며, 12월엔 크리스마스 시즌 덕분에 일시적으로 유입이 증가한 모습을 보였습니다. 1월 중순부터 스마트 플레이스의 SEO를 적용했고, 천천히 목표했던 키워드들의 상위노출에 성공한 결과, 2월 달에 목표로 했던 모든 키워드들의 상위노출(5등 이내 진입)에 성공했습니다. 덕분에 2월 1달 간 스마트 플레이스 유입 트래픽이 1만을 넘을 수 있었습니다.

아주 간단한 노하우만으로도 상위노출을 만들어낼 수 있는 것이 현재의 네이버 지도 & 스마트 플레이스입니다. 때문에 오프라인 매장을 운영 중이시라면 꼭 하셔야 합니다.

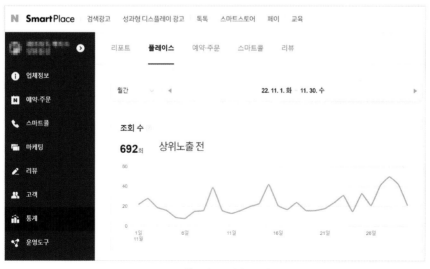

▲ 11월 스마트 플레이스 통계

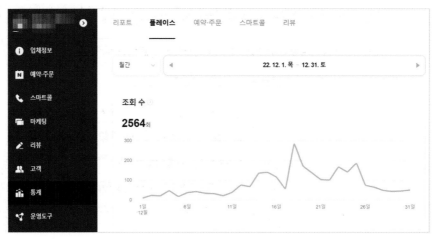

▲ 12월 스마트 플레이스 통계

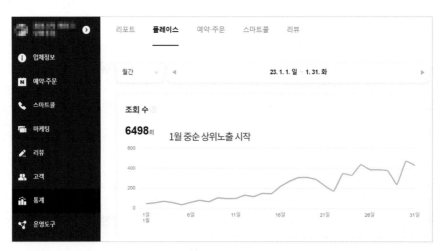

▲ 1월 스마트 플레이스 통계

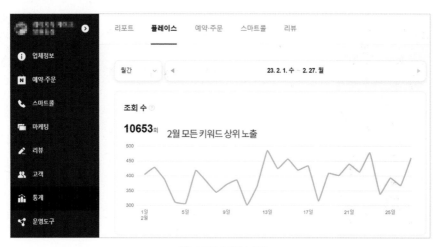

▲ 2월 스마트 플레이스 통계

5-1. 네이버 지도의 상위노출은 정말 쉽습니다.

네이버 지도는 오프라인 사업자 분들께는 선택이 아닌 필수입니다. 사실 지금껏 네이버 블로그와 스마트스토어, 쇼핑에 대한 이야기를 많이 드렸습니다만 지금부터는 네이버 지도에 대해서 이야기 해볼까 합니다.

가장 먼저, 이 이야기를 꼭 해드리고 싶습니다. 네이버 지도의 상위노출은 어렵지 않습니다. 이유는,

01. 소상공인끼리의 경쟁입니다.

블로그, 네이버 쇼핑의 경우엔 (대)기업과의 경쟁을 피할 수가 없습니다만, 네이버 지도는 블로그와 네이버 쇼핑에 비하면 훨씬 경쟁도가 낮습니다. 지금 당장 네이버 지도에 "지역명 + 카테고리"를 검색해보시기 바랍니다. 내가 경쟁해야 하는 경쟁 상대가 얼마나 되는지요. 블로그나 네이버 쇼핑에 비하면 훨씬 적은 것을 확인할 수 있습니다.

블로그 포스팅을 하기 이전에, 네이버 스마트 스토어 상품 등록을 하기 이전에 키워드 별 경쟁강도를 파악하는 것과 마찬가지로 내가 속한 지역에서 나와 경쟁하는 경쟁사가 얼마나 되는지를 파악해보시면, 네이버 지도는 네이버의 다른 섹션에 비해 훨씬 더 경쟁이 적은 블루오션임을 알 수 있습니다.

02. 네이버 지도 상위노출에 신경 쓰는 업체가 많지 않습니다.

말 그대로 블루오션 그 자체입니다. 한 번 검색해보시기 바랍니다. 네이버 지도의 SEO 영역 중 가장 큰 부분을 차지하는 업체 소개 페이지는 최대 2,000글자까지 쓸 수 있지만 실질적으로 2,000글자, 아니 100글자조차 쓰지 않은 업체가 정말 수두룩합니다. 네이버 지도 상위노출과 관련하여 아무런 신경도 쓰지 않는 분들이 정말 많기 때문에 오히려 네이버 지도 상위노출에 대한 지식이 조금만 있으면 너무나 쉽게 상위노출을 만들어낼 수 있습니다. 물론, 무조건적인 상위노출이라는 것은 없습니다만 지금까지의 필자 경험으로는 마음 먹고 올린 키워드에 대해서 지도 상위노출을 놓쳐본 적이 없습니다. 블로그랑 쇼핑은 원하는 키워드의 상위노출을 놓친 적이 많지만요.

△ 네이버 지도 영역은 블루오션입니다.

03. 알려진 정보가 많지 않습니다.

네이버 지도 상위노출은 생각보다 간단한 알고리즘으로 구성되어 있음에도 불구하고 알려진 노하우가 많이 없습니다. 알려진 노하우라고 해봐야 온라인 상의 가구매와 같은 역할을 하는 영수증 리뷰 작업 정도일 뿐입니다. 하지만, 영수증 리뷰 작업에도 노하우가 있음은 물론, 영수증 리뷰보다 높은 SEO 점수를 가지고 있는 영역이 네이버 지도에 생각보다 많습니다. 사진에서 보시는 것처럼 리뷰 수가 말도 안되게 높은 리뷰어들의 리뷰가 많이 보입니다. 이러한 리뷰는 작업일 가능성이 매우 높습니다. 하나의 아이디로 여러 개의 업체에 대해 영수증 리뷰를 작업하다 보니 자연스레 영수증 리뷰 수가 많이 쌓인 것입니다. 물론 실제 리뷰어일 수도 있지만, 해당 아이디를 클릭해보면 전국 다양한 지역의 리뷰가 물리적으로 불가능한 시간대에 쌓여있음을 확인할 수 있습니다. 만약 여러분들이 이러한 정보를 알고 있다면, 네이버 지도를 통해서 방문하고자 하는 가게에 리뷰가 이런 식으로 쌓여 있는 경우, 여러분들은 해당 가게를 가시겠습니까?

▲ 여전히 영수증 리뷰 작업만이 유일한 방법인 것처럼 알려져 있습니다

알려진 정보가 많이 없다는 것은 그만큼 네이버 지도를 활용할 줄 아는 사람이 없다는 것을 의미하기도 하겠지요. 블루오션임을 나타내는 반증이기도 합니다.

04. 네이버 지도의 연동 서비스가 확대되는 중입니다.

최근에 네이버에서 네이버 지도와 관련된 서비스들을 많이 추가해주었습니다. 네이버 지도를 활용한 예약이나 주문부터 테이블 주문, 알림톡 연동, 새소식 발행, 톡톡 연동, 배민 연동, 쿠폰 마케팅 등 네이버 지도와 연계된 다양한 기능들이 출시되었습니다. 네이버에서 네이버 지도를 공격적으로 키우려는 듯한 모습이 계속해서 연출되고 있습니다.

항상 그래왔듯 네이버가 밀어주는 서비스에 빠르게 올라 타야지만 네이버에서 제공하는 다양한 혜택들을 누릴 수 있습니다. 지금이 바로 그 시기가 아닌가 싶습니다.

- 카카오에서도 예약/주문 서비스를 시행한다고 합니다. 네이버와 카카오 입장에서는 오프라인 결제 데이터를 확보하기 위한 본격적인 경쟁에 돌입한 것입니다. 정말 당연하게도 이 시기에는 네이버

와 카카오 모두 예약/주문 서비스를 이용하는 유저들의 편의와 마케팅에 집중할 것입니다. 앞으로 지도 서비스와 예약/주문 서비스의 활용도는 점차 확대될 것이 분명합니다.

05. 플레이스 관련 광고 상품의 광고주가 적습니다.

▲ 네이버 지도 광고의 두 가지 종류

네이버 지도, 스마트 플레이스와 관련된 네이버 검색광고의 광고 상품은 2가지입니다. 바로 〈지역 소상공인 광고〉, 〈플레이스 검색〉이 있습니다. 해당 광고를 집행해보면 항상 CPC나 CPM이 키워드의 가치와 노출수 대비 굉장히 저렴한 것을 확인할 수 있습니다. 이는 해당 키워드를 목표로 상위노출을 하고자 하는 업체의 수가 그리 많지 않음을 의미하기도 합니다. 또한, 네이버에서는 소상공인들의 과도한 경쟁을 제한하기 위해 캠페인 별 일 예산을 3만원 이하로 설정하도록 하고 있습니다. 그래서 과도한 입찰 경쟁이 발생하지 않고 있습니다.

▲ 매우 적은 비용으로 광고를 집행할 수 있습니다

'경안동술집' 키워드 검색 시 광고로 뜨는 플레이스 정보가 1칸밖에 되지 않습니다. 그리고 경안동술집 이라는 키워드를 검색했을 때 네이버 지도에 등록된 업체의 개수만 200개가 넘습니다. 이 중 플레이스 광고를 활용하고 있는 업체는 극히 일부일 뿐입니다. 〈경안동술집〉 키워드의 CPC는 심지어 CPC 100원 이하로도 하루 종일 노출이 가능합니다. 현재 제주도 지역을 제외한 다른 지역들의 CPC는 굉장히 합리적인 가격이 형성되어 있는 것으로 보입니다. 제주도의 경우에는 관광객을 대상으로 광고하기 때문에 전국에 광고를 집행하다 보니 광고에 과열이 생길 수밖에 없지만, 다른 지역의 경우엔 대체로 지역 상권 소상공인끼리 경쟁하다 보니 입찰 경쟁에 큰 과열이 생기지 않고 있습니다.

더불어, 오프라인 사업을 영위하고 계시는 소상공인 사업자 분이라면 꼭 네이버 지도와 더불어 배달의 민족과 같은 배달 플랫폼, 인스타그램, 네이버 블로그, 검색광고, 우리 동네 소상공인 광고, 당근마켓 등은 필히 운영하실 것을 추천드립니다. 모두 비용 대비 효율이 좋은 마케팅 방법이기 때문입니다.

이번 책에서는 배달 플랫폼과 인스타그램을 제외한 네이버 플랫폼을 활용한 마케팅 방법에 대해서 소개해드리겠습니다.

5-2. 스마트플레이스 등록 매뉴얼

네이버 지도 상위노출을 위해서는 우선 스마트 플레이스의 매뉴얼에 대한 이해도가 높아야 합니다. 그리 많은 기능이 있지 않으며, 내용 자체가 어렵지 않으니 차근차근 따라와 보시기 바랍니다.

▲ 업체정보 〉 업체명

스마트플레이스에 접속하면 가장 먼저 업체명을 입력합니다. 이 때는 단순히 업체명만 적어주기 보다는 'oo점'을 뒤에 붙여서 지역 키워드 검색 시 노출에 유리하도록 만들어주는 것이 좋습니다. 이 때는 '도' '시' '구' '동' '읍' '면' 등 세분화 할 수 있는 부분이 많으므로, 검색량을 파악하거나 키워드 별 경쟁 정도를 파악한 후에 선택하는 것이 좋습니다. 또한, 키워드 검색 시 네이버 플레이스가 맨 첫 번째 섹션으로 뜨는지도 확인해보아야 합니다.

그리고, 하단 부분에 사업자등록 정보와 업종, 영업신고증 등의 증명 서류 파일들을 업로드 해주시면 됩니다.

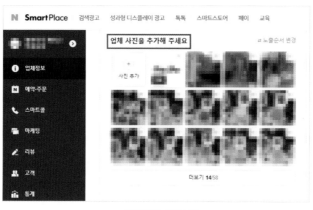

▲ 업체정보 〉 업체 사진

그리고 네이버 지도 검색 시 사용자들에게 보여줄 매장 사진을 등록합니다. 이 때 사진은 최대한 검색자들의 클릭율을 높일 수 있는 사진으로 선택하는 것이 좋습니다. 가능한 로고나 매장 사진 보다는 판매 제품 사진이나 매장 이용 사진을 넣어 주시는 것을 추천 드립니다.

개인적으로는 매장의 분위기나 메뉴와 함께 사람이 포함된 사진을 사용하는 것을 추천 드리고 싶습니다. 가장 눈에 띄기도 하고, 클릭율도 높게 나오기 때문입니다.

블로그나 네이버 쇼핑과 마찬가지로 이미지 파일명도 키워드를 포함해서 저장해주시면 좋습니다.

▲ 업체 사진의 좋은 예시

업체 사진은 가능하면 위의 사진처럼 〈키워드-사진〉 연관도를 고려해주시는 것이 좋습니다. '경안동 술집'이라는 키워드를 예시로 들어드리겠습니다.

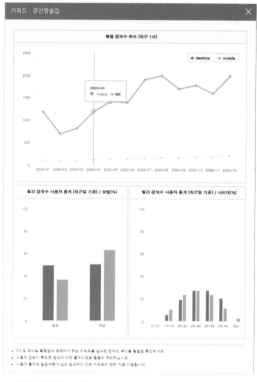

▲ 네이버 검색광고 – 키워드 도구 – 경안동술집 검색 쿼리 및 검색 데이터

'경안동술집'을 검색하는 사람들은 경안동에 있는 술집을 찾으려는 사람들일 것입니다. 네이버 키워드 도구를 통해 살펴보니 여성이 남성보다 검색을 더 많이 한다는 사실과 함께, 20~30대의 검색량이 가장 많은 것을 확인할 수 있습니다. 이를 종합하면 2030 여성들이 '경안동술집'이라는 키워드를 가장 많이 검색한다는 것을 알 수 있습니다.

▲ 키워드 – 타겟 고객 – 대표 사진의 매칭

가장 큰 목표로 하는 타겟 고객의 클릭률을 높이기 위해서 요즘 2030 여성 분들이 선호하는 술집의 분위기를 잘 표현하고 있는 사진을 대표 사진으로 활용했습니다. 대표 사진과 키워드 검색시 나타나는 사진 1~4장은 클릭율을 높여줄 수 있는 사진이어야만 합니다. 그렇기 때문에 항상 키워드와, 키워드를 검색하는 타겟 조사, 그리고 타겟에게 매력적으로 어필할 수 있는 사진의 매칭이 중요합니다.

▲ 업체 정보 – 상세 설명, 대표 키워드

다음으로 상세 설명과 대표 키워드를 적어줍니다. 상세 설명과 대표 키워드는 SEO의 관점에서 매우 중요함은 물론, 추후 〈플레이스 광고〉에서 광고 키워드 매칭에도 중요한 역할을 하기 때문에 정말 많은 신경을 써서 등록해주어야 하는 부분입니다.

특히, 상세 설명의 경우 2,000자까지 사용이 가능하기 때문에 다양한 키워드를 활용할 수 있다는 장점을 가지고 있습니다. 물론, 상세 설명에 키워드를 삽입한다고 해서 무조건 키워드 검색 시 우리 업체의 정보가 네이버 지도에 상위노출이 되는 것은 아니지만, 키워드 삽입 유무의 차이가 매우 큰 것은 분명한 사실입니다.

- 개인적으로 상세 설명을 보는 고객은 거의 없다고 생각합니다. 여러분들은 네이버 지도 서비스를 이용할 때 매장의 상세 설명을 보시나요? 대부분 보지 않는다고 생각합니다. 그래서 필자는 이 상세 설명의 영역은 사실상 우리 SEO를 위한 공간이라고 생각합니다. 물론, 간혹 보시는 고객분들을 위해서 잘 꾸며 놓아야 하는 것은 맞지만, 우선 순위가 고객을 설득하는 것 보다는 우리 업체의 SEO를 먼저 하는 것이 되어야 한다고 생각합니다.

상세 설명에 꼭 들어가야 하는 내용

- 주요 키워드

- 업체 & 메뉴에 대한 정보
- 타겟 고객 정보
- 행동 유도

01. 주요 키워드

네이버 지도를 이용하는 사업자라면 상위노출을 하고 싶은 키워드가 당연히 있을 것이라 생각됩니다. 상위노출을 원하는 키워드를 최대한 많이 반복하되 자연스러운 스토리텔링 형태의 구성을 갖추어서 읽는 사람들로 하여금 거부감이 없도록 작성해줍니다.

02. 업체&메뉴에 대한 정보

검색자들은 결국 업체 정보를 통해서 방문/예약/주문할지에 대한 여부를 결정합니다. 매장은 어떤 특색과 차별점이 있으며, 어떤 메뉴를 판매하고 있는지, 그리고 예약/주문 방법은 어떻게 되는지 안내 문구를 적어주시기 바랍니다. 되도록이면 상단에요!

03. 타겟 고객 정보

"데이트를 하고자 하는 분들" "소개팅 명소" 등 우리 업체를 이용하는 주 고객층이 어떤 고객인지 검색자에게 설명해줌으로써 방문을 유도해주시기 바랍니다. 이 때도 마찬가지로 해당 가장 중요한 키워드를 검색하는 검색자의 성별이나 연령, 그리고 우리 매장을 방문하는 고객들의 주요 특징을 분석해서 적어주시면 됩니다! 고객의 입장이 되어서 설명문을 읽었을 때 방문하고 싶게끔, 지금 당장 필요하다고 느낄 수 있게끔 작성해주시기 바랍니다.

또한, 네이버는 키워드/내용의 확장성을 기반으로 유저에게 추천해주는 경향이 있습니다. 타겟 고객들이 좋아할 만한 내용과 키워드를 추가하여 네이버에 연관성 점수를 높여주는 전략도 중요합니다.

04. 행동유도

마지막으로 고객에게 매장 이용 방법이나 예약, 주문, 상담 안내에 대한 문구를 남겨주세요. 매장의 위치 정보를 알려주셔도 좋고, 카카오톡 상담 채널을 안내해 주셔도 좋습니다. 기왕이면 네이버의 예약이나 주문 시스템을 활용할 수 있도록 "네이버 예약 시 5% 할인"이라던가 "네이버 주문 시 서비스 OO 증정" 등을 활용해주시면 더욱 좋습니다.

키워드 검색 → 우리 업체 클릭 → 네이버 시스템'(예약/주문)

이 프로세스(+리뷰 작성까지)가 네이버 플레이스(지도)에서 가장 높은 점수를 받는 트래픽입니다. 이를 잘 활용하기 위한 방법을 고민해 보시기 바랍니다.

▲ 예약 주문 〉 기본정보 〉 서비스 정보

맨 위의 서비스 정보는 업체 정보와 연동되는 부분이기 때문에 업체 정보를 제대로 작성해 주셨다면 딱히 건드릴 부분은 없습니다.

▲ 예약 주문 〉 기본정보 〉 서비스 정보

예약 혜택은 굳이 안 넣어도 되지만, 위에서 언급한대로 네이버 예약 시스템을 이용할 경우 네이버 지도 SEO 점수가 올라가게 됩니다. 그렇기 때문에 줄 수 있는 혜택이 있다면 이를 잘 활용하는 것을 추천 드립니다.

또한, 상품 목록 템플릿은 메뉴가 보여지는 구성이기 때문에 가능하면 사진이 크게 보이는 〈이미지형〉으로 선택하시는 것이 좋습니다.

하단 부분의 업체 정보와 업체 서류는 간단하게 작성해주시면 됩니다.

△ 예약 주문 〉 설정

사실 스마트 플레이스에서 가장 설정하기 까다로운 영역이 〈예약 주문〉 탭입니다. 네이버 페이에 가입 및 승인이 되어야만 제대로 이용할 수 있기도 하고, 판매하고 있는 상품을 일일이 등록해주어야 함은 물론, 판매하는 요일과 시간까지도 설정해주어야 합니다. 매우 번거로운 업무이지만 네이버 지도 상위노출 점수를 위해서 하루 정도는 꼭 신경 써서 설정해 주셔야 하는 영역이기도 합니다.

네이버 지도/스마트 플레이스의 SEO, 상위노출 관련해서 컨설팅이나 광고 대행을 하다 보면 고객사에서 가장 번거롭고 어려워 하는 부분이 바로 〈예약 주문〉 탭입니다. 마찬가지로 필자도 메뉴마다 일일이 노출이 정상적으로 이루어지고 있는지에 대해서 체크해야 하기 때문에 가장 어려운 영역이기도 합니다.

〈예약 주문〉 탭을 설정할 때는 가장 먼저 설정 탭 〉 메뉴 탭 〉 예약 탭 〉 주문 탭 순서대로 설정해주는 것이 좋습니다.

우선 설정 부분에 들어가서 노출시킬 수 있는 모든 서비스를 노출시켜줍니다. 개인적으로 〈모바일 티켓 내 이용완료 버튼〉의 경우에는 고객분들이 번거로워 하시기 때문에 굳이 사용하지 않는 기능입니다.

▲ 모바일 티켓 내 이용완료 버튼

평균 별점 노출 설정 기능 같은 경우에는 2021년 10월 기준으로 사라진 기능이라고 봐도 무방합니다. 이전의 데이터가 있는 업체라면 상관이 없지만, 2021년 10월 이후에 스마트 플레이스를 등록한 업체라면 해당 기능은 사용할 수 없습니다.

▲ 평균 별점 노출 설정

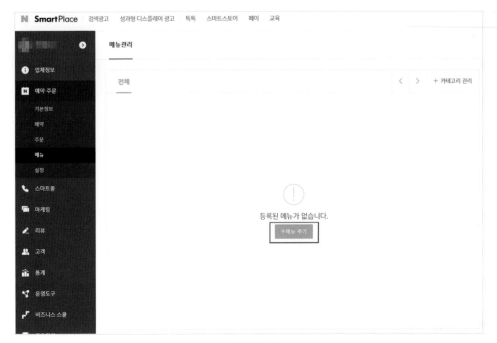

▲ 예약 주문 〉 메뉴

기본 설정이 끝났으면, 다음으로 메뉴를 추가해주시면 됩니다. 번거롭긴 하나 어렵진 않습니다. 이미지, 메뉴명, 메뉴 가격, 메뉴 설명을 간단하게 적어주시면 됩니다. 카테고리 별 대표 메뉴를 하나씩 등록해주신 다음에 우측 상단에 〈+카테고리 관리〉 버튼을 눌러서 카테고리를 정리해주시면 지도를 통해서 메뉴를 보는 사람들이 조금이라도 더 보기에 편합니다.

▲ 예약 주문 〉 메뉴

메뉴 관리에서 가장 많이 실수하시는 것 중에 하나가 판매 시간입니다. 등록 후 수정을 통해서 판매 시간을 정확히 등록해 주셔야 추후 네이버 예약/주문을 연동할 때 번거로운 일이 없으니 꼼꼼하게 등록해주세요!

이후 예약에서 상품을 다시 한번씩 등록해주신 후 메뉴 연결을 해주시면 됩니다. 예약이 많을수록 당연히 네이버 지도 상위노출에 유리합니다. 미용실을 운영하고 있는 분들은 이 네이버 예약 서비스를 적극적으로 활용하는 모습을 볼 수 있습니다. 미용실에 가면 미용사 분들이 네이버로 예약하고 오실 것을 권장하기도 하고요. 네이버 예약 시스템을 활용해서 스케줄링을 간편하게 관리할 수 있음은 물론, 원하는 키워드에 대한 상위노출 점수가 쌓이기 때문입니다.

▲ 네이버 예약 〉 이용 내역

또한, 네이버 예약 시스템으로 예약을 할 경우 네이버 앱 푸시로 예약 전 리마인드 알림, 예약 이용 후 리뷰 작성에 대한 리마인드 알림 푸시가 발송되기 때문에 영수증 리뷰나 네이버 예약 리뷰를 남길 확률이 높아진다는 장점이 있습니다.

▲ 출처 : 네이버 스마트플레이스 공식 사이트

네이비 주문의 경우에는 활용할 수 있는 범위가 매우 넓습니다.

방문 이용/포장 이용을 고객이 선택할 수도 있음은 물론, 스탬프 쿠폰과 테이블 주문까지 사용할 수 있습니다. 이 모든 활동들은 당연히 네이버 지도 점수에 쌓여서 상위노출에 유리해지게 됩니다.

그래서 가능하면 고객분들이 상담을 하거나 결제를 하실 때 네이버의 주문 및 예약 시스템을 이용할 수 있도록 유도하실 것을 추천 드립니다.

특히 테이블 주문의 경우에는 매장에 방문한 고객분이 결제 시 QR코드를 통해 우리 매장의 스마트 플레이스로 이동, 메뉴 탭에서 바로 네이버 페이를 통해 선결제를 할 수 있도록 유도하기 때문에 주문수가 쌓이게 됩니다.

▲ 메뉴 〉 주문

▲ 예약 〉 방문자 리뷰

구매 전 다른 사람들의 후기만큼 믿음직한 정보도 없습니다. 그렇기 때문에 업주분들은 최대한 매장 내 결제나 계좌 이체 결제가 아닌 네이버 지도의 메뉴/예약 기능을 통한 결제를 유도하고 후기까지 약속을 받는 방법을 강구하는 것이 좋습니다.

몇 년 전 제주도 출장을 다녀온 적이 있습니다. 제주공항 근처의 식당을 알아보던 중 ○○뚝배기 라는 식당을 찾아갔습니다. 매장 곳곳에 "리뷰를 남겨 주시면 제주도 관광 지도를 드립니다" 라는 POP를 볼 수 있었습니다. 네이버나 인스타그램에 리뷰를 남기면 제주 관광 지도를 제공해주는 이벤트였는데, 필자가 지금껏 봤던 영수증 리뷰 설계 중 가장 좋은 레퍼런스인 것 같습니다.

제주 공항 근처이니 제주도에 여행을 온 분들이 가장 많이 찾을 것이고, 이분들에게 가장 필요로 한 제주 관광 지도를 이벤트로 제공한다고 하니 너나 할 것 없이 해당 이벤트를 참여하는 것이죠. 덕분에 해당 업체는 뚝배기가 붙은 키워드는 모두 상위노출을 하고 있으며, 리뷰도 계속해서 쌓이고 있는 모습을 보여주고 있습니다.

5-3. 고객 분석 하기

마케팅을 할 때 가장 먼저하는 것이 무엇인가요? 잠시 고민을 해볼까요? 네이버, 페이스북, 인스타그램, 오프라인, 유튜브. 플랫폼을 막론하고, 온라인과 오프라인을 넘어서 '마케팅'을 할 때는 가장 먼저 고객 분석을 합니다. 그런데 왜 스마트 플레이스 마케팅을 할 때는 고객 분석을 하지 않는 분들이 많은지 모르겠습니다. 우리가 네이버 지도/스마트 플레이스를 통해 공략하고자 하는 타겟은 분명합니다. '상위노출을 하고자 하는 키워드를 검색하는 검색자'입니다. 하지만 대부분의 업주분들은 이 검색자가 누구인지 모릅니다. 그저 "우리 매장은 30대 여성이 많이 오니까 30대 여성이 가장 많이 검색하겠지"라고 어림 짐작합니다.

하지만, 이렇게 감적인 접근 뿐 아니라 데이터를 기반으로 한 수치적인 접근 또한 필요합니다. 지금부터 네이버 지도 상위노출을 위한 고객 분석 방법에 대해서 설명해드리겠습니다.

우선 유저들의 검색 동향을 파악해야 합니다. 네이버 지도에 어떤 식으로 유입이 되는지, 어떤 키워드를 검색해서 네이버 지도에 방문하는지를 알아야 합니다.

▲ 네이버 지도에서의 키워드 종류

유저들이 검색하는 검색 키워드는 크게 2가지입니다. '지역+@' 와 '@' 키워드. 예를 들어서 '서면 삼겹살', '삼겹살' 이런 식입니다. 서면 삼겹살을 검색하는 유저들은 서면에 있는 삼겹살 집을 찾기 위해 검색하는 것이겠죠. 그럼 삼겹살을 검색하는 유저들은 어떤 사람들일까요? 바로 지금 내가 있는 위치의 '근처'에 있는 삼겹살 집을 찾는 유저입니다. 네이버 지도는 자동으로 검색자의 위치를 기반으로 해서 네이버 지도 데이터를 보여줍니다. 그렇기 때문에 우리는 네이버 지도에서 키워드를 볼 때 두 개의 관점을 가지고서 키워드를 바라보아야 합니다.

유저들이 '어떤 식'(How)으로 키워드를 검색하는지 알았다면 다음은 '어떤 키워드를 검색하는지'(What) 알아야 합니다. 키워드의 검색량을 알아보는 방법에 대해서는 필자가 책 앞 부분에서 소개해드린 프로그램들을 활용하시면 됩니다. 필자는 이 단계에서는 주로 블랙키위나 네이버 키워드 도구를 사용하고 있습니다.

검색 기록 - 6개 ⑦		월간 검색량 (Total) ⌄	블로그 월 발행량 ⑦ ⌄
×	케이크주문제작 ⊕	47,000	11,300
×	미니케이크 ⊕	10,300	18,700
×	주문제작케이크 ⊕	35,500	11,500
×	서울주문제작케이크 ⊕	1,270	1,720
×	서울주문케이크 ⊕	130	18,100
×	당일케이크 ⊕	1,390	20,100

▲ 블랙키위

블랙키위를 통해서 다양한 키워드를 검색해본 후 검색량이 많은 키워드들, 우리 업체에서 사용하기 좋은 키워드들을 선별합니다. 그리고 이 키워드들을 네이버에 검색해봅니다. 네이버 지도가 가장 첫 번째 탭으로 노출되는지 확인하기 위함입니다. 키워드의 검색량도 많고, 네이버 지도 & 플레이스가 첫 번째 탭으로 노출이 된다면 이 키워드들을 메인 키워드로 사용할 가능성이 매우 높습니다.

▲ 블랙키위 〉 성향 분석

또한, 블랙키위의 성향 분석을 통해서 해당 키워드를 주로 검색하는 유저들의 데이터도 알아볼 수 있습니다. 〈케이크주문제작〉 키워드의 경우 20대 여성이 주로 검색한다는 사실을 알 수 있습니다. 그러면 스마트 플레이스 세팅시 SEO의 방향을 20대 여성 고객을 메인 타겟 고객으로 지정하고 SEO 설정하는 것이 좋습니다. 브랜드에서 앞으로 발행하는 콘텐츠나 톤앤매너, 매장의 분위기까지 이들의 취향을 위해서 변화를 가져다 주면 더 좋겠죠.

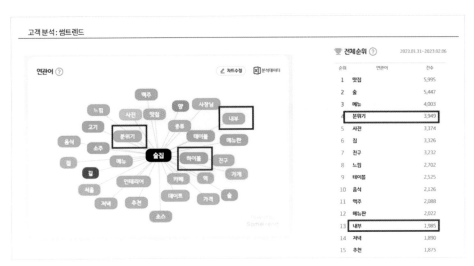

▲ 썸트렌드 '술집' 검색 결과

그 다음으로 제가 많이 사용하는 것이 '썸트렌드'라는 사이트입니다. 썸트렌드를 통해서 '술집' '고기집' '지역명' 등의 키워드를 검색해보면 해당 키워드와 많이 언급된 연관 검색어를 확인할 수 있습니다. 유저들의 니즈를 파악하는 데에 도움이 많이 됩니다.

한 가지 예시로, 위의 이미지에서 볼 수 있듯 '술집'을 검색하면 연관 검색어로 '내부'와 '분위기'가 있습니다. 블랙키워드를 통해서 '경안동술집'을 검색해보니 해당 키워드를 가장 많이 검색하는 유저들은 다름 아닌 20대 여성이라는 것도 파악할 수 있었습니다.

20대 여성들이 술집을 선택함에 있어서 내부와 분위기를 중요시 여긴다는 사실을 알 수 있습니다. 술집을 오픈하기 이전에 이러한 데이터를 알고 있다면 매장의 인테리어를 할 때 20대 여성의 취향에 맞는 분위기와 내부를 갖춘 술집을 준비할 수 있습니다.

▲ 데이터를 매장에 적용한 모습

그리고 이러한 내부 분위기를 잘 담은 사진을 촬영하여 네이버, 인스타그램 등에 활용할 수 있습니다.

▲ 네이버 지도 적용 모습

이렇게 네이버 지도에 사진으로 적용을 하게 되면 타겟으로 정한, 분위기 좋은 술집을 찾는 20대 여성분들의 클릭율이 더 높아지겠죠? 필자는 조금 더 눈에 띄게 만들도록 하기 위해서 가로로 긴 사진 한 장을 반씩 나누어 2장으로 올렸습니다.

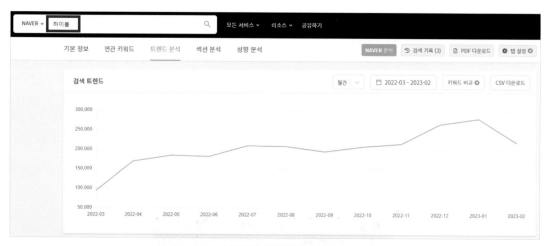

▲ 블랙키위 > '하이볼' 트렌드 분석

한 가지 더 사례를 들어드리자면, 위의 썸트렌드 이미지에 빨간 네모 박스로 하이볼이 체크되어 있습니다. 최근에 술집에서 하이볼을 찾는 고객분들의 니즈가 많이 증가했다는 것을 나타내는 것이며, 이는 블랙키위에서도 검색량의 증가를 보면 확인할 수 있습니다. 이를 빨리 확인하여 매장에 하이볼 메뉴를 추가하였습니다.

매장 적용

▲ 하이볼 적용 모습

위의 두 예시는 사실 모든 프로세스가 필자가 설명드렸던 대로 흘러갔던 것은 아닙니다만 독자분들의 이해를 돕기 위해 필자가 살짝 시나리오를 수정했습니다. 이 부분은 너그러이 양해 부탁드립니다.

고객 분석과 키워드 분석의 중요성은 계속 강조를 해도 부족합니다. 이번 장의 내용을 요약하자면 아래와 같습니다.

① **고객에 대한 수치적인 분석** : 블랙키워를 활용하기

② **썸트렌드** : 키워드와 관련된 최근 트렌드 파악하기

③ **적용하기** : 매장에 적용 및 마케팅 활용

부록 5. 상권 분석하기

지금부터는 장사하고 있는, 혹은 앞으로 장사하고자 하는 지역의 상권을 분석하는 방법에 대해서 안내 드리겠습니다.

상권을 분석할 때 가장 중요한 것은

   ① 유동인구수

   ② 메인 성별/연령대

   ③ 임대료

   ④ 평균 매출

   ⑤ 2030 유입 동향

입니다. 위 정보를 확인할 수 있는 방법을 알려드리겠습니다.

가장 먼저 상권 분석 사이트(https://sg.sbiz.or.kr/godo/index.sg)로 들어갑니다.

▲ 상권 정보 〉 유동인구

상권 분석 사이트로 들어가면 간단하게 유동인구, 매출, 업소수에 대한 정보를 볼 수 있으며, 상세 분석을 통해서 더 디테일한 정보를 수집할 수 있습니다.

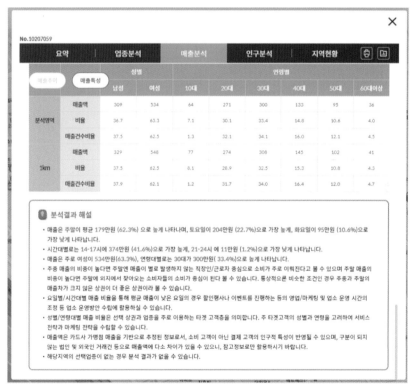

상권 분석 〉 상세분석

세부 분석을 통해서 이러한 데이터도 받아볼 수 있습니다. 특히 매출분석과 인구분석의 경우 현재 우리 지역에는 어떤 타겟군이 어느 요일과 시간대에 많이 방문하는지 알 수 있기 때문에 주 타겟군을 설정할 때에 대한 방향성도 함께 제시해줍니다.

이를 통해서 가장 집중해야하는 요일과 시간, 그리고 타겟 성별 및 연령대를 정할 수 있습니다. 더불어, 월별 유동인구와 월별 매출 확인이 가능하기 때문에 매출의 증감을 대략적으로 예측할 수 있습니다. 이를 통해 유동인구와 매출이 적을 때는 좀 더 공격적인 온라인 마케팅이나 이벤트를 통해 매출이 떨어지지 않도록 꾀할 수 있도록 하고, 매출과 유동인구가 높을 때에는 오프라인 마케팅을 병행하고, 매출을 더 높일 수 있도록 회전율을 빠르게 할 수 있는 전략을 짜주어야 합니다.

만약 오프라인 매장을 준비 중이라면 이렇게 상권 분석 사이트를 통해서 좋은 정보를 얻고 상권에 대한 분석을 할 수 있습니다. 어느 상권에 들어가면 좋을지 판단하는 것이죠.

이번엔 임대료를 알아보겠습니다. 임대료는 가장 쉬운 방법으로 〈네이버 부동산〉 사이트를 이용하면 됩니다만, 〈통계청〉에서 조금 더 쉽게 자료를 제공해주고 있습니다.

상권별(1)	상권별(2)	상권별(3)	2022.3/4	2022.4/4
	소계(영등포신촌지역)	소계	45.7	45.6
		공덕역	59.7	59.9
		당산역	37.0	36.8
		동교/연남	51.7	51.7
		망원역	42.9	42.7
		신촌/이대	47.5	47.4
		영등포역	34.2	34.1
		홍대/합정	56.9	56.5
	소계(기타지역)	소계	40.6	40.6
		가락시장	31.1	31.0
		건대입구	46.5	46.5
		경희대	45.6	45.8
		군자	31.9	31.8
		노량진	26.8	26.7
		독산/시흥	31.1	31.1
		뚝섬	48.2	48.3
		목동	34.8	34.8
		미아사거리	34.6	34.6
		불광역	38.7	38.6
		사당	43.4	43.5
		상계역	26.3	26.3
		상봉역	46.3	46.3
		서울대입구역	60.2	60.2
		성신여대	51.8	51.8
		수유	36.4	36.4
		숙대입구	43.3	43.4

▲ 출처 : 통계청

상권별 임대료의 대략적인 비용을 알 수 있는 자료입니다. 이를 통해 어느 상권으로 들어가는 것이 경제적으로 유리한지 판단할 수 있습니다. 유동인구와 더불어 임대료를 함께 보면 어떤 상권으로 들어가는 것이 더 합리적인지 파악이 가능합니다.

그리고, 네이버 키워드 도구를 통해서 〈○○동 카페〉나 〈○○동 맛집〉 키워드를 검색해본 후 해당 키워드를 어떤 성별/연령대의 유저들이 많이 검색해보는지 파악하여 온라인 마케팅을 할 때 어디에 타겟팅을 두어야 하는지도 알 수 있습니다. 물론, 해당 키워드의 검색량이 우하향하는지 우상향하는지도 따져보는 것이 매우 중요하겠죠?

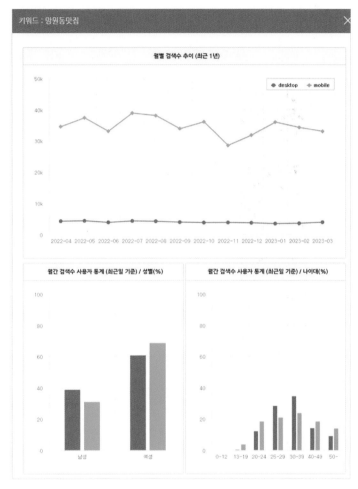

▲ 네이버 키워드 도구를 통해 검색량, 검색자의 성별/연령대 비율을 살펴봅니다

또한, 상권정보의 상세 분석을 통해 2030의 유동인구 동향도 살펴보는 것이 좋습니다. 상권의 트렌드는 대체로 2030여성 분들이 만들어내기 때문입니다. 이들의 유동인구 수가 계속해서 증가한다면 그 상권은 꾸준히 성장할 가능성이 높다는 것을 의미하며, 이와 함께 보기 좋은 데이터로 '최근 3년 미만 업체 수'입니다. 3년 미만의 업체 수가 많다는 것은 해당 상권에 새로운 업체가 많이 오픈했다는 것을 의미하며, 해당 상권에 새로움을 주어 상권의 활성화를 기여할 가능성이 크다는 것을 의미합니다.

5-4. 네이버 스마트플레이스 SEO 설정 노하우

지금껏 매뉴얼과 마케팅의 가장 기본이 될 수 있는 고객 분석 방법에 대해서 설명해드렸습니다. 지금부터는 실제로 스마트 플레이스를 설정할 때 실질적으로 도움이 될 수 있는 노하우에 대해서 설명해드리도록 하겠습니다.

01. 업체명 설정

▲ 업체 정보 〉 업체명

상위노출하고자 하는 키워드 중 가장 중요한 키워드를 포함해야 하는 부분입니다. 일반적으로 네이버는 '사업자등록증의 상호와 동일한 이름'만을 업체명에 등록할 수 있도록 하지만, 종종 사업자등록증의 상호와 일치하지 않는 업체명도 승인이 나는 경우가 있습니다. 또한, 상호 + ○○점 정도의 업체명 등록은 네이버에서도 승인이 잘 나는 편입니다. 업체명의 경우에는 가장 일반적으로 "상호 + ○○점"으로 등록해서 해당 지역의 키워드를 활용하는 편입니다.

하지만, 이 역시 네이버의 검열을 무시할 수 있는 꼼수도 존재하긴 합니다.

02. 업체 사진 설정

▲ 업체 정보 〉 업체 사진

▲ 업체 사진 적용 모습

업체 사진의 경우에는 최대 120개의 사진을 등록할 수 있습니다. 다다익선, 많이 등록할수록 좋습니다. 또한 등록하는 업체 사진의 경우에는 가장 일반적인 검색의 경우 플레이스 탭에서 2장의 업체 사진과 함께 3번째 사진부터는 고객 리뷰 사진이 노출됩니다. 때문에 처음 2장의 사진이 가장 중요합니다. CTR, 클릭율을 높여줄 수 있는 사진을 등록하는 것이 좋습니다. 필자는 개인적으로 매장의 분위기나 메뉴를 잘 나타내는 사진과 함께 사람이 포함된 사진을 함께 사용하는 것을 추천 드리고 싶습니다. 요즘은 소셜 미디어로 인해 분위기와 포토존 때문에 매장을 선택하는 경우가 많기 때문입니다. 그리고, 위의 사진과 같이 가로로 긴 사진을 2장으로 나누어서 활용하는 것 또한 검색자들의 시선을 사로잡기에 좋은 방법이 될 수 있습니다.

사진 이미지를 저장할 때는 꼭 키워드를 포함한 형태로 저장하는 것이 좋습니다. 네이버 봇이 이미지 내 키워드를 반영하기 때문입니다.

▲ 업체 정보 〉 상세설명 & 대표키워드

▲ 상세 설명 구성

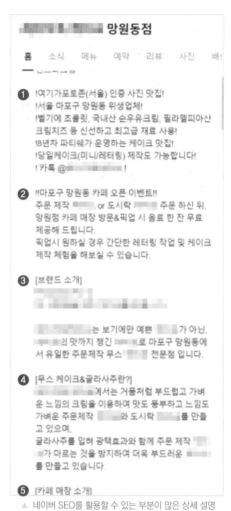

▲ 네이버 SEO를 활용할 수 있는 부분이 많은 상세 설명

상세 설명의 경우에는 최대 2,000자를 활용할 수 있습니다. 그만큼 네이버의 SEO를 활용할 수 있는 부분이 많다는 뜻입니다. 위의 이미지는 필자가 주로 사용하는 상세 설명의 구성입니다. 사실, 검색자들 중에서 네이버 지도의 상세 설명을 보는 유저들은 많지 않습니다. 그렇기 때문에 우리는 이 부분을 고객들을 설득시키기 위한 도구로서 활용하기 보다는 SEO의 관점으로 접근하는 것이 가장 최우선이 되어야 합니다. 하지만 그렇다고 해서 읽는 사람들을 완전히 무시할 수는 없습니다. 그래서 기본적인 스토리텔링 형태의, 독자들을 설득할 수 있는 구성을 잡는 것이 좋습니다. 구성의 한 부분 씩 설명해드리도록 하겠습니다.

❶ CTR을 높여줄 포인트

상세 설명의 첫 번째 문장은 "후크"가 들어가야 합니다. 보자마자 이 매장을 방문하고 싶은 마음이 생길 수 있도록 말이죠. 왜 우리 매장을 선택해야 하는지에 대해서 한 문장으로 표현할 수 있어야 합니다.

Ex) 여기가포토존 인증 맛집 / ㅇㅇ 방송 출현 / 유튜버 ㅇㅇ 방문 맛집 / 3개월 3만 팩 판매

❷ 이벤트

첫 번째 문장의 후크를 통해서 시선을 사로잡았다면, 바로 방문으로 까지 이어질 수 있도록 미끼를 던져주어야 합니다. 그 미끼로는 이벤트를 활용하면 좋습니다. 또한 이 때는 우리가 사용할 수 있는 키워드 중에서 메뉴로서 서비스로 제공할 수 있으면 키워드로 활용하기에 좋습니다.

Ex) 방문시 "네이버 지도 보고 왔어요" 라고 해주시면 후식 떡볶이(키워드) 제공!

❸ 브랜드 소개

이번에 우리 매장 및 브랜드에 대해서 소개해 줄 차례입니다. 사실 이 부분은 독자들을 설득한다기 보다는 SEO의 관점으로 키워드 반복과 활용을 생각하면서 진행하는 것이 좋습니다.

Ex) ○○에서 만드는 '주문제작케이크'(키워드1)의 경우 파티셰가 손수 만드는 '수제케이크'(키워드2)입니다. '당일케이크'(키워드3)로 주문 가능한 '미니 케이크'(키워드4)도 준비되어 있습니다.

❹ 메인 제품 소개

판매하고 있는 메인 제품이나 시그니쳐 메뉴에 대해서 소개할 차례입니다. 이 때 키워드의 활용이 가장 좋습니다.

Ex) '삼겹살' : 72시간 숙성한 ㅇㅇ만의 '숙성 삼겹살', 갈비찜 : '대구 명물' '매운 갈비찜'

❺ 매장 위치 안내

일반적으로 많은 분들이 '대구 맛집' '대구 삼겹살' 등 지역+키워드의 노출을 희망합니다. 이를 SEO에 적용하기 좋은 방법 중 하나는 지도의 주소를 한 번 더 언급해주는 것입니다. 또한 '근처'라는 키워드를 활용해주는 것도 좋은 방법입니다.

❻ 메뉴 소개

매장에서 판매하는 모든 메뉴를 간단한 소개와 함께 적어주는 부분입니다. ❹번의 내용과 동일한 방식으로 해주시면 됩니다.

❼ 마지막 인사

마지막으로 방문을 해주실 고객분들께 감사의 인사를 전하는 부분입니다. 마지막으로 키워드를 활용하면서, 매장의 비전을 제시해도 좋습니다.

Ex) '대구' 대표 '삼겹살'집이 되는 그 날까지 최선을 다하겠습니다!

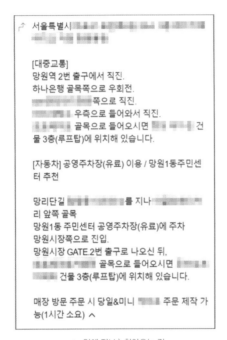

▲ 업체 정보 > 찾아오는 길   ▲ 스마트 플레이스 정보 하단 '주변'

찾아오는 길 부분 또한 스마트 플레이스의 SEO에 포함되는 영역입니다. 단순히 주소만 적어주는 부분이 아니라는 것입니다. 키워드를 잘 활용해서 적어주시는 것이 중요합니다.

또한, 네이버 지도에서 테스트 하고 있는 영역이 있습니다. 바로 네이버 지도 정보의 맨 하단에 있는 '주변' 섹션입니다. 아마도 네이버는 영수증 리뷰의 데이터와 합산해 유저들의 카드 내역 및 영수증 정보를 통해 이동 경로를 파악하여 많은 사람들이 이용한 '코스길'을 만들어 주려는 것이 아닌가 싶습니다.

지금은 데이터가 많지 않아서 가까운 거리 위주로 추천이 많이 되는 것으로 파악되지만, 앞으로는 매장의 연계도가 높은 타 매장을 추천해주는 기능으로 발전할 것 같다는 생각이 듭니다.

05. 메뉴 설정

△ 업체 정보 〉 메뉴

메뉴 또한 SEO에 엄청 중요한 부분입니다. 개인적으로 업체명 다음으로 가장 중요한 영역이 메뉴라고 생각합니다. 종종 네이버 지도의 검색을 통해 모니터링을 하다 보면 업체명과 상세 설명에도 키워드의 활용이 되지 않았지만 특정 키워드 노출이 되는 경우들이 있는데, 보통 메뉴에 키워드가 포함되어 있는 경우입니다.

판매하고 있는 모든 메뉴를 네이버 스마트 플레이스 메뉴에 등록하는 것은 물론, 키워드 서칭을 통해서 추가적으로 개발할 수 있는 메뉴가 있다면 개발하는 것을 추천드립니다(불멍이 하이볼을 추가했던 것처럼요).

또한, 세트 메뉴를 개발하는 것도 좋은 방법이 될 수 있습니다. SEO 관점에서요!

- **A세트** : '삼겹살' + '갈비' + '볶음밥'

06. 부가 기능 설정

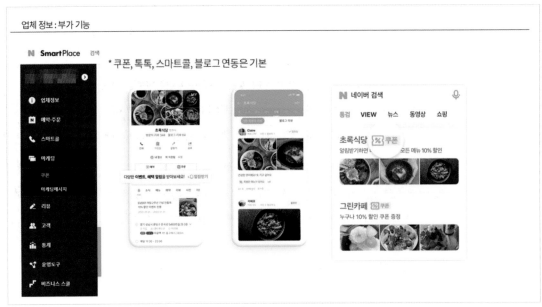

▲ 업체 정보 〉 부가 기능

부가 기능은 선택이 아닌 필수입니다. 쿠폰, 톡톡, 스마트콜, 블로그 연동은 네이버 지도에서 SEO에 높은 점수를 부분이기 때문에 꼭 해 주셔야만 합니다. 다시 한 번 강조 드리지만, 선택이 아닌 필수입니다. 여기에 배달까지 하고 있으시다면 배달의 민족 연동 또한 큰 도움이 됩니다. 테이블 주문도 할 수 있다면 테이블 주문도 꼭 활용하시기 바랍니다! 개인적으로 테이블 주문이 가장 관리하기도 편하고, 네이버 주문을 확 늘리기에도 가장 좋은 기능이라고 생각합니다.

07. 새소식 활용

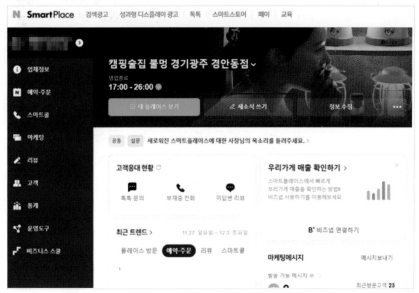

▲ 스마트 플레이스 〉 새소식

스마트 플레이스의 새소식은 마이크로 블로깅이라고 생각해주시면 됩니다. 짧은 글을 작성해서 업로드 하는 것만으로도 소소하지만 SEO에 도움이 되는 작은 습관입니다.

5-5. 네이버 지도 광고 활용

▲ 지역 소상공인 광고

▲ 우리동네 광고

네이버 지도를 활용해서 등록할 수 있는 광고는 2가지입니다. 지역 소상공인 광고와 우리동네 광고(플레이스 광고). 두 광고 모두 매우 저렴한 광고 단가를 형성하고 있으며, 효율이 매우 좋기 때문에 꼭 활용하실 것을 강조 드리고 있습니다.

우리동네 광고

우리동네 광고(플레이스 광고)

- 특정 키워드 검색 시 네이버 지도 <광고>와 함께 노출
- 내가 원하는 키워드 선택 불가능
- 네이버에서 지도 정보를 바탕으로 매칭
- CPC 형태의 과금 방식
- 지도 상위노출을 하기 어려운 경우 선택하는 광고
- 매우 저렴한 편.
- 광고 소재 수정을 스마트 플레이스에서만 할 수 있음.
- 주문 확장 소재는 100건 이상 판매해야 가능

지역 소상공인 광고

- 하나의 광고 캠페인에 5개의 지역(동) 타겟팅
- 여러 개를 원할 경우 여러 개의 캠페인 세팅
- CPM 당 500원 형태의 과금 방식
- VIEW/뉴스/홈 하단 부분에 슬라이드 광고 노출
- 첫 번째 광고 지면이 아닌 경우 과금X
- 매우 저렴한 광고, 업체명 노출에 효과적임
- 확장 소재 및 추가 타겟팅 기능이 제한적

=> 두 광고 모두 광고주가 많지 않기 때문에 매우 저렴한 단가를 형성하고 있음

▲ 네이버 지도 광고 특징

위의 이미지는 제가 우리동네 광고(플레이스 광고)와 지역 소상공인 광고의 특징을 정리해 놓은 것입니다. 중요한 내용만 정리해 놓은 것이니 꼭 숙지하시기 바랍니다! 결과적으로 두 광고 모두 광고를 활용하는 광고주가 많지 않아서 광고 단가가 매우 저렴하기 때문에 광고 효율이 굉장히 좋습니다.

지금부터는 네이버 검색광고에서 지도 광고를 등록하는 방법에 대해서 설명해드리겠습니다.

△ 검색광고 〉 캠페인

네이버 검색광고에서 캠페인 유형에서 '플레이스 유형'을 선택합니다.

△ 캠페인 〉 예산 설정

등록가이드에 '네'를 선택한 후 하루 예산을 설정해줍니다. 하루 예산은 30,000원으로 설정하는 것이 좋습니다. 30,000원으로 설정한다고 하더라도 30,000원을 전부 사용하는 경우는 온라인에서의 경쟁이 매우 치열한 여행지가 아닌 이상 거의 없습니다. 보통 5,000원 미만, 많이 사용해야 10,000원 이하로 사용하는 경우가 대부분입니다.

▲ 광고 그룹 설정

광고그룹의 이름을 정한 후 〈플레이스 검색〉 선택, 업체 정보에 등록된 스마트 플레이스를 선택해주세요.

▲ 광고 그룹 〉 예산 설정

광고 그룹에서의 하루 최대 예산은 20,000원입니다. 마찬가지로 20,000원을 설정해주세요.

▲ 광고 소재 설정

그리고 홍보 문구와 이미지를 작성해주시면 됩니다. 네이버의 지도 광고는 대체로 소상공인들을 위한 광고이기 때문에 설정 자체가 어렵지 않게 구성되어 있습니다. 또한, 30,000원/20,000원의 최대 예산 설정이기 때문에 너무 많은 예산 투여가 되지 않도록 하여서 과도한 경쟁이 발생하지 않도록 만들어 두었기 때문에 전체적으로 매우 적은 예산으로도 광고를 설정할 수 있다는 이점을 가지고 있습니다.

▲ 플레이스 광고 관리자 화면

광고를 집행하면서 기본 입찰가를 설정하게 되는데, 이 때 역시 마찬가지로 평균 입찰가가 생각보다 비싸게 뜨지만, 최대 CPC 비용이기 때문에 겁먹지 않으셔도 됩니다. 실제로 광고를 집행해보면 평균 CPC는 훨씬 낮은 금액으로 광고가 돌아가게 됩니다. 위의 이미지처럼 기본 입찰가는 1,180원이지만 평균 CPC는 368원임을 확인할 수 있습니다.

▲ 광고 그룹 > 제외 키워드 추가

그리고, 광고를 1주일 정도 집행한 이후부터는 광고를 통해 노출되는 모든 키워드를 대략적으로 확인할 수 있습니다. 이 때는 〈제외 키워드〉 기능을 활용해서 우리 업체와 무관한 키워드는 제외시켜 주는 것이 좋습니다. 불필요한 광고비의 지출을 막아주는 기능입니다.

▲ 광고 그룹 > 타겟팅

타겟팅 탭을 통해서 지역/연령대/요일,시간대/성별 타겟팅이 가능합니다. 네이버 광고는 대체로 키워드 베이스이기 때문에 굳이 타겟팅을 할 필요는 없긴 하지만 플레이스 광고의 경우엔 특정 지역을 거점으로 하고 있는 광고이기 때문에 지역 타겟팅은 꼭 해주시는 것이 좋습니다.

▲ 광고 그룹 〉 태그

우리동네 광고의 경우에는 내가 원하는 키워드를 딱 집어서 노출시킬 수 없다는 단점을 가지고 있습니다. 대신 태그 등록을 통해 최대한 내가 원하는 키워드가 노출될 수 있는 설정을 할 수 있는 기능이 있습니다.

▲ 태그 수정 모습

내가 원하는 키워드를 입력하면, 모든 키워드가 노출되는 것은 아니지만 일부 검색이 반영이 될 수 있습니다. 경험상 네이버 지도 섹션에 걸려있는 키워드의 거의 모든 키워드가 반영이 되었습니다.

다음은 소상공인 광고의 세팅 방법에 대해서 설명해드리겠습니다.

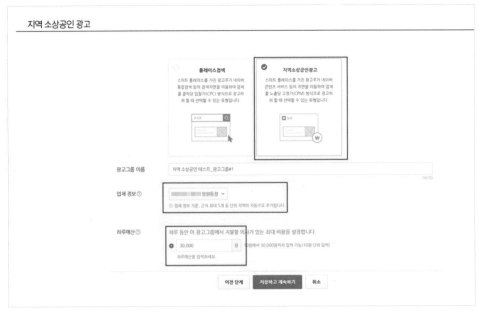

▲ 검색광고 〉 캠페인 만들기

마찬가지로 캠페인 세팅에서 '플레이스 유형'을 선택해주신 후 하루 예산을 30,000원으로 설정해주세요.

▲ 광고 그룹 〉 유형/예산 설정

광고 그룹에서 〈지역 소상공인광고〉를 선택해주신 후 업체 정보와 예산(30,000원)을 설정합니다.

▲ 광고 소재 설정 화면

지역 소상공인 광고의 광고 소재는 검색광고에서 설정할 수 없습니다. 네이버 스마트플레이스에서 설정해 주셔야 합니다.

▲ 네이버 스마트 플레이스 〉 운영 도구로 접속합니다.

지역소상공인광고 탭에서 소재 수정 버튼을 눌러주세요.

- 23년 3월, 소상공인 광고 소재의 수정을 운영도구가 아닌 마케팅 탭에서 수정하는 것으로 바뀌었습니다.

▲ 소상공인 광고 수정

광고 노출 예시를 확인하면서 광고 소재를 수정해주시면 됩니다.

시군구 노출이나 읍면동 노출을 선택해 주셔야 불필요한 클릭을 막을 수 있습니다.

지역 소상공인 광고는 5개의 지역을 선택할 수 있습니다. 지역 타겟팅 변경을 통해서 '동' 단위로 검색 광고 노출 지역을 설정할 수 있습니다. 배달의 민족에 있는 깃발 시스템과 비슷하다고 이해하시면 될 것 같습니다. 가장 효율적인 광고 노출을 기대할 수 있는 5개의 '동' 단위 지역에 광고 설정을 해주시면 됩니다.

만약, 5개 이상의 '동' 단위의 지역에 광고를 노출하고자 한다면 위의 설정 방법과 동일한 방법으로 여러 개의 캠페인과 광고 세트를 만들어서 운영해주시면 됩니다.

생각보다 네이버 지도와 네이버 검색광고(파워링크)의 궁합이 굉장히 좋습니다. 키워드 상위노출에도 분명 도움되는 것을 체감하고 있기도 하고요. 검색광고 활용 방법에 대해서는 책의 앞부분에 설명을 드렸으니 해당 부분을 참고하시면 좋겠습니다. 스마트 플레이스에서의 검색광고 역시 세부 키워드의 활용도가 매우 효율이 좋으니 많은 키워드를 찾은 후 세부 키워드로 조합하여 사용하실 것을 추천 드립니다.

부록 6. Chat GPT가 말하는 네이버 스마트 플레이스 상위노출 노하우 점검하기

쥐피티야

네이버 지도 상위노출 하는 방법 알려줘

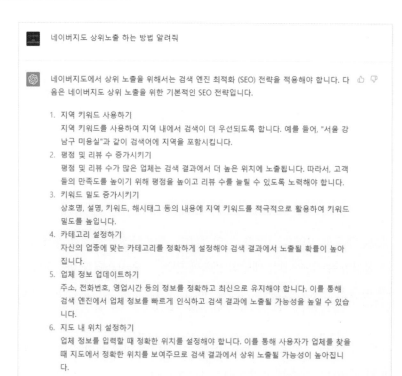

1. 지역 키워드 사용하기
2. 평점 및 리뷰 수 증가시키기
3. 키워드 밀도 증가하기
4. 카테고리 설정하기
5. 업체 정보 업데이트 하기
6. 지도 내 위치 설정하기

4~6번은 당연한 내용입니다. 그리고, 1번부터 하나씩 점검해보도록 하겠습니다.

1. **지역키워드 사용하기** : 지역 내에서 검색이 우선되도록 하기 위한 방법으로 지역 키워드를 활용한 SEO를 의미합니다. 네이버 지도에서 활용할 수 있는 키워드는 일반적인 '메인키워드'와 더불어 '지역+메인키워드'입니다. 쥐피티는 이 '지역+메인키워드'를 잘 활용하라고 안내하고 있습니다. 이는 가장 일반적

인 스마트 플레이스 상위노출 노하우로, 해당 키워드를 업체명/상세설명/대표키워드/찾아가는 길 등 다양한 부분에 활용할 것을 추천 드리고 있습니다. 물론 모든 부분에 SEO를 한다고 마냥 좋은 것은 아닙니다. 전략적으로 접근할 필요가 있습니다.

2. **평점 및 리뷰 수 증가시키기** : 사실 이 부분도 당연하지만, 네이버 스마트플레이스에서 평점이 사라졌죠. 현재 소수의 카테고리와 오래된 업체만이 평점이 남아 있는 모습입니다.

3. **키워드 밀도 증가하기** : 키워드 밀도 역시 무작정 증가시킨다고 좋은 것은 아닙니다. 적당한 범위가 있고, 이를 찾아내는 것이 중요합니다.

쥐피티야,

지역 키워드 사용하는 방법 구체적으로 알려줘

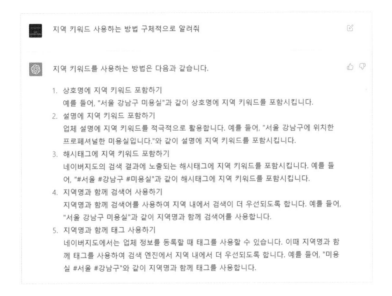

위 답변을 통해서 역시 생각보다 네이버 스마트 플레이스 상위노출 관련 정보가 적다는 것을 새삼 느낍니다. GPT가 알려주는 부분이 많이 부족하다는 것을 이번 답변을 통해 알 수 있습니다.

1. 상호명에 지역 키워드 포함하기

2. 설명에 지역 키워드 포함하기

3. 해시태그에 지역 키워드 포함하기

4. 지역명과 함께 검색어 사용하기

5. 지역멱과 함께 태그 사용하기

1. 상호명에 지역 키워드를 포함하는 부분은 이제 알만한 사람들은 모두 알고 있으며, 이와 관련된 꼼수도 있습니다. 필자도 잘 활용하고 있고요!
2. 설명에 지역 키워드 포함하는 것 역시 당연한 부분입니다. 다만, SEO의 관점으로 접근해야지 무작정 키워드를 쓴다고 좋은 것은 아닙니다.
3. **해시태그에 지역 키워드 포함하기**: 이 부분은 조금 잘못된 정보입니다. 반은 맞고 반은 틀립니다. 키워 드를 사용하기 때문에 점수에 플러스가 될 순 있지만, 해시태그 사용 자체가 SEO에 좋은 점수를 차지 하는 것은 아닙니다.
4. **지역명과 함께 검색어 사용하기**: 이 또한 '지역+키워드' 사용에서의 관점입니다.
5. **지역명과 함께 태그 사용하기**: 특정 키워드의 상위노출에는 도움이 될 수 있지만, 이로 인해 다른 지역 키워드의 노출이 제한될 수 있으므로 잘 활용해야 합니다.

쥐피티야,

키워드 밀도를 높인다는건 키워드를 반복하라는 거야?

키워드 밀도란, 전체 텍스트 중 특정 키워드가 차지하는 비율을 의미합니다. 블로그를 이용하시는 분들이라면 이미 다들 아실만한 내용이라고 생각됩니다.

1. 키워드를 포함한 자연스러운 문장 구성하기

2. 다양한 유사 키워드 사용하기

3. 제목, 본문, 부제목 등 다양한 요소에 키워드 사용하기

4. 이미지 태그에 키워드 사용하기

5. 링크 텍스트에 키워드 사용하기

여기서 가장 의미 있는 답변은 2번입니다. 네이버 지도는 결국 특정한 위치/장소를 찾고자 하는 고객에게 좋은 정보와 업체를 노출시켜주기 위한 서비스입니다. 단순히 "삼겹살이 맛있는 곳이야" 보다는 "삼겹살도 맛있고, 디저트도 판매하고 있고, 가족끼리 오기 좋은 곳이야"라는 정보를 제공해주는 업체를 더 좋은 정보로 받아들이고 이를 점수에 반영합니다. 그래서, 네이버 스마트플레이스에서 상위노출을 원할 경우에는 특정 키워드를 검색하는 검색자의 입장에서 이 키워드를 왜 검색하는지에 대한 검색의도를 파악하고, 이에 대한 니즈를 키워드를 통해서 풀어주어야 합니다.

쥐피티야,

링크 텍스트가 뭐야? 어떻게 사용할 수 있어? 예시 좀 알려줘

링크 텍스트가 뭐야? 어떻게 사용할 수 있어? 예시 좀 알려줘

링크 텍스트(link text)란 다른 웹페이지나 도메인으로 이동하는 하이퍼링크(anchor)를 구성하는 텍스트를 의미합니다. 링크 텍스트는 하이퍼링크를 클릭했을 때 이동할 대상 페이지를 설명하는 역할을 하며, 검색 엔진에서 해당 페이지의 주제와 관련된 정보를 제공하는 중요한 역할을 합니다.

링크 텍스트를 적절하게 사용하는 방법으로는 다음과 같은 것들이 있습니다.

1. 목적 페이지와 관련된 키워드 사용
   링크 텍스트에서는 목적 페이지와 관련된 키워드를 사용하면 검색 엔진에서 해당 페이지의 주제와 관련된 정보를 제공하는 데 도움이 됩니다. 예를 들어, "여행사A의 유럽 여행 상품"과 같은 링크 텍스트를 사용하여 해당 페이지가 여행사A의 유럽 여행 상품과 관련된 정보를 제공하는 페이지임을 나타낼 수 있습니다.

2. 불필요한 단어나 구절 제거
   링크 텍스트에서는 불필요한 단어나 구절을 제거하여 가능한 한 간결하게 작성하는 것이 좋습니다. 예를 들어, "여기를 클릭하세요"와 같은 링크 텍스트보다는 "무료 견적 신청하기"와 같이 구체적인 목적을 나타내는 텍스트를 사용하는 것이 더욱 효과적입니다.

3. 링크 텍스트 수량 조절
   링크 텍스트를 사용할 때, 많은 수의 링크 텍스트가 있다면 검색 엔진에서 스팸 페이지로 인식될 가능성이 있습니다. 따라서, 페이지 당 링크 텍스트의 수량을 적절하게 조절하는 것이 좋습니다.

예시를 들어보면, "온라인 커뮤니티에서 유용한 정보를 얻어보세요"라는 문구의 링크 텍스트를 "온라인 커뮤니티" 또는 "유용한 정보"와 같이 목적 페이지와 관련된 키워드로 변경하여 사용할 수 있습니다.

GPT가 '링크 텍스트'를 사용하라기에 네이버 스마트 플레이스 내부에서 링크 텍스트를 사용할 수 있었나? 라는 생각이 들어서 확인차 다시 한 번 물어봤습니다. GPT가 말하는 링크 텍스트란 결국 외부 링크/트래픽을 의미했습니다. 만약 링크 텍스트를 통해서 네이버 스마트 플레이스로 트래픽을 발생시킨다면 단순히 URL 공유만 할 것이 아니라 'OO맛집' 키워드에 하이퍼링크를 활용하라는 것을 의미하며, 더 나아가서는 cr2를 활용하라는 의미입니다.

마지막 3번 답변이 예술이네요. 링크 텍스트 수량 조절, 과도한 트래픽은 좋지 않다는 것을 의미합니다. 필자가 cr2를 활용하는 방법에 대해서 알려드리면서 트래픽 계산하는 방법도 안내해드리는데요, GPT가 이 부분을 이야기 합니다. 참 똑똑합니다. 사실, 국내의 문서에서는 이 '과도한 트래픽'에 대한 내용을 본 적이 없거든요.

맵핑에 대해 자세히 알려줘

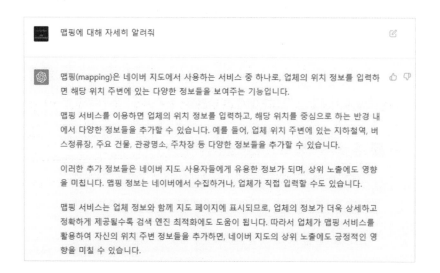

맵핑에 대한 부분은 아마도, 네이버의 '근처' 서비스를 의미하는 것 같습니다.

현재는 네이버가 영수증 데이터가 많지 않아서 '근처' 서비스가 AI 수준으로 올라오진 않았지만, 앞으로 몇 년 안에 AI 수준으로 올라오면 이를 활용한 스마트 플레이스 상위노출 노하우도 공유가 될 것이 분명합니다.

사실, 이미 블로그에서는 이 로직과 관련해서 몇몇 업체가 이를 잘 활용하고 있습니다. 저는 이를 활용하는 방법으로 '근처' 키워드를 사용할 것을 추천드리고 있습니다.

CHAPTER 06

네이버 블로그 SEO

6-1. 황금 키워드 찾기

이번 목차에서는 블로그 SEO에 대해서 안내해드리겠습니다. 철저하게 '네이버에서 잘 노출이 되는 블로그'에 대한 내용이며, 네이버 블로그를 활용했을 때의 기준임을 먼저 말씀드립니다. 네이버의 모든 마케팅은 키워드로 시작해서 키워드로 끝납니다. 특히 검색 후 콘텐츠 영역을 찾아보는 블로그의 경우에는 더더욱 키워드의 활용 능력이 중요합니다. 사실 네이버 지도와 네이버 쇼핑의 경우 업종에 따라 활용할 수 있는 키워드가 정해져 있는 경우들이 더러 있지만, 블로그 같은 경우에는 키워드를 활용할 수 있는 부분이 워낙 많고 다양하기 때문에 조금 더 다채롭게 활용할 수 있다는 장점을 가지고 있습니다.

그래서 필자는 엑셀로 키워드를 정리할 때 단순히 네이버 쇼핑이나 지도에서만 사용할 키워드를 선별하는 것이 아닌 블로그에도 사용할 수 있는 키워드를 함께 선별합니다. 우리 업체에서 노출할 수 있는 키워드를 보유하는 개수는 다다익선, 많을 수록 좋습니다. 더군다나 요즘 소비자들은 검색을 통해서 '검증'의 과정을 거치는 것은 물론, 고객 구매 여정 자체가 길어졌기 때문에 직접 운영하는 블로그로 힘을 실어줄 수 있다면 더할 나위 없이 좋겠죠?

검색량↗
경쟁도↘

▲ 좋은 키워드의 기준

블로그 SEO에서도 역시 핵심은 '좋은 키워드'입니다. 네이버에서 좋은 키워드란, (대체적으로) 검색량은 많은데 경쟁 정도는 낮은 키워드를 의미합니다. 검색량은 네이버의 키워드 도구나 블랙키위를 활용해서 월간 조회수를 파악할 수 있고, 경쟁도는 블랙키워를 활용해서 VIEW 월 발행량을 파악할 수 있습니다. 조회수와 VIEW 월 발행량 모두 블랙키워에서 확인이 가능하기 때문에 저는 블로그에 사용할 키워드를 찾을 때는 주로 블랙키워를 활용하는 편입니다.

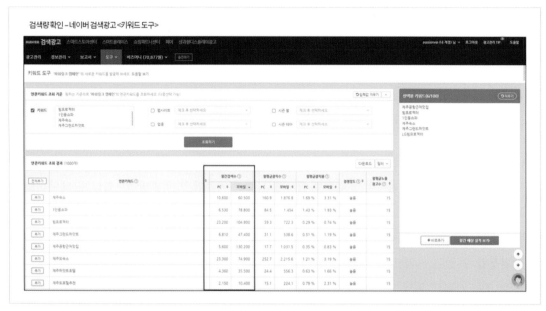

▲ 네이버 검색광고 – 키워드 도구

하지만, 블랙키워가 키워드 도구만큼 많은 키워드를 제공해주는 것은 아니기 때문에 정말 중요한 포스팅을 할 때는 키워드 도구를 활용해서 다양한 키워드의 전반적인 검색량을 파악하곤 합니다.

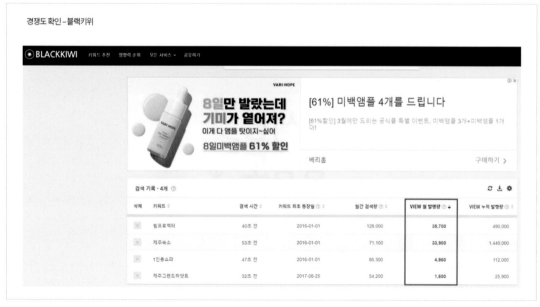

▲ 블랙키워

그리고 블랙키위에서 VIEW 월 발행량을 파악합니다. 간단한 포스팅을 할 때는 블랙키위에서 조회수와 VIEW 월 발행량을 한 번에 파악할 수 있기 때문에 블랙키위만 사용해서 시간을 절약하는 방법도 좋습니다. 하지만, 초보자일수록 키워드 도구를 많이 활용해 보실 것을 추천 드리고 싶습니다. 생각지도 못했던 키워드의 발굴을 할 수 있음은 물론, 초보자일 수록 다양한 키워드를 접해보아야 합니다.

	A	B	C	D
1	키워드	VIEW 월 발행량	월간 검색량	추천지수
2	마스크	582935	506800	0.869393672
3	마스크 귀 보호대	1086	59140	54.45672192
4	새부리형마스크	13099	55310	
5	비말차단마스크	7837	48890	6.238356514
6	연예인 마스크	8858	46960	5.301422443
7	면마스크	32010	40200	1.255857545
8	면 마스크	31985	37060	
9	식약처인증마스크	6085	30770	5.056696795
10	얼굴 마스크	81854	28760	0.351357295
11	마스크 걸이	8742	27620	3.159460078
12	빨아쓰는마스크	3272	26260	
13	귀 안아픈 마스크	1324	26160	19.75830816
14	빨아쓰는 마스크	2030	23800	11.72413793
15	스포츠 마스크	14317	23740	1.658168611
16	숨쉬기편한마스크	6991	22290	
17	코로나마스크	274959	21690	0.078884488
18	방한 마스크	7680	19180	2.497395833
19	천 마스크	11319	17690	1.56285891
20	마스크 귀 안아프게	754	16850	22.34748011
21	숨쉬기 편한 마스크	4494	16560	3.684913218
22	마스크 습기	6685	15840	2.369483919
23	특대형 마스크	2252	14850	6.594138544
24	핑크마스크	31379	14340	
25	마스크 스티커	14111	13940	0.987881794
26	국산 비말차단마스크	2919	13710	4.696813977
27	kf94새부리형마스크	10100	13700	
28	블랙마스크	45961	12810	0.278714562
29	방수마스크	12485	11990	
30	검정마스크	9982	11760	1.178120617
31	마스크 트러블	22311	11720	0.525301421
32	새부리마스크	2440	11710	
33	안면 마스크	6024	11200	1.859229748
34	귀편한 마스크	1126	11110	9.86678508

▲ 엑셀로 정리한 모습

키워드 도구와 블랙키위를 활용해서 정리한 키워드들을 이렇게 엑셀 파일에 정리해주시면 됩니다. 이 부분에 대해서는 책의 앞 부분에 설명을 해두었으니 넘어가도록 하겠습니다. 위 이미지 엑셀 파일의 D열에 〈추천지수〉가 있는데, 이는 '월간 검색량에서 VIEW 월 발행량을 나눈 수치'입니다. 숫자가 높을수록 경쟁 지수가 낮은 키워드, 좋은 키워드(일 가능성이 높음)을 의미합니다. 단순히 수치적으로 좋은 키워드인지 아닌지 빠르게 판단하기 위해 입력한 값입니다.

이번 목차에서는 이 엑셀 파일을 만들어서 활용하는 방법에 대해서 안내해드릴 것입니다. 하나씩 차근차근 설명해드리도록 하겠습니다.

키워드 관리 엑셀 만들기 1. 키워드 서칭(모니터링)

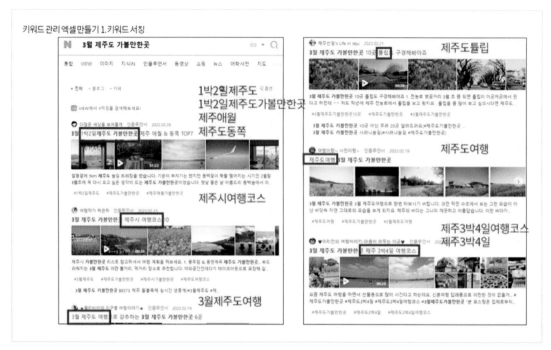

▲ 키워드 관리 엑셀 만들기 1. 키워드 서칭(모니터링)

가장 먼저 포스팅을 할 때 사용할 키워드를 네이버 VIEW 탭에서 검색을 해봅니다. 검색해본 후 다른 사람들은 해당 키워드와 함께 또 어떤 키워드를 함께 사용했는지에 대해서 모니터링 합니다. 이 중에서 내가 사용할 수 있는 키워드가 있다면 엑셀이나 메모장에 따로 기입해 두어서 추후 검색량과 VIEW 월 발행량을 알아볼 수 있도록 합니다.

키워드 관리 엑셀 만들기 2. 키워드 도구 활용

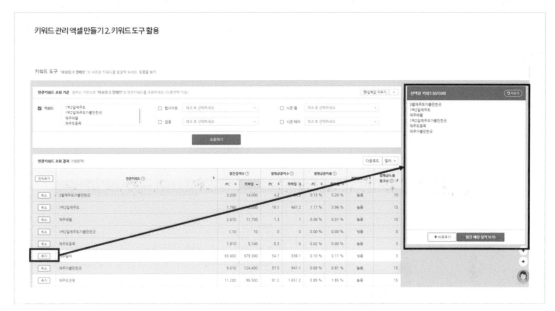

▲ 네이버 검색광고의 키워드 도구

찾았던 키워드들을 5개씩 키워드 도구에서 검색해서 다시 한 번 관련이 있는 키워드들을 추가 버튼을 통해 추가합니다. 내 블로그에 조금이라도 사용할 수 있는 가능성이 있는 키워드라면 모두 추가해주는 것이 좋으며, 너무 조회수가 낮은 키워드는 과감하게 생략해도 좋습니다. 필자 같은 경우에는 월 300 건 이하의 조회수를 가지고 있는 키워드는 생략하는 편입니다.

키워드 관리 엑셀 만들기 3. 키워드 정리(1차)

▲ 키워드 복사 붙여 넣기

모니터링 했던 키워드들을 키워드 도구를 활용해서 검색량을 파악합니다. 이 때는 블랙키위보다 키워드 도구를 활용하는 것이 더 빠를 수 있습니다. 블랙키위는 1분 동안 검색할 수 있는 키워드의 개수 제한이 있습니다(비회원 3개, 회원 5개, 멤버십 별로 상이). 그렇기 때문에 빠른 시간 안에 많은 키워드의 검색량을 확인해보기 위해서는 키워드 도구의 사용을 추천드립니다.

키워드 관리 엑셀 만들기 4. 블랙키위 활용

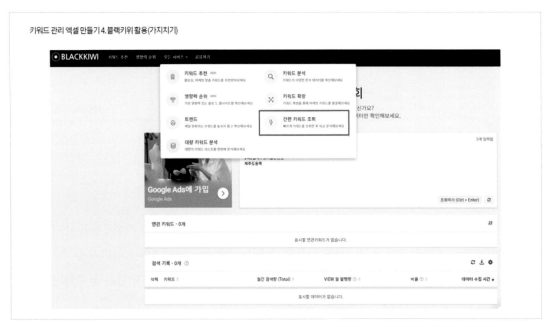

▲ 블랙키위 〉 간편 키워드 조회

키워드 도구를 봉해서 섬색량을 파악한 후에는 VIEW 월 발행량을 파악할 차례입니다. VIEW 월 발행량은 블랙키위에서 간편 키워드 조회 기능을 활용하면 빠른 시간 안에 확인할 수 있습니다.

찾은 키워드를 5개 씩 입력해서 조회하면 나오는 하단에 연관 키워드를 추가하면서 데이터를 뽑아주시면 됩니다.

검색기록 누적이 25개씩 밖에 되지 않으므로 주의하시기 바랍니다!(멤버십 별로 상이합니다)

키워드 관리 엑셀 만들기 5. 키워드 정리(2차)

키워드 관리 엑셀만들기 5.2차 엑셀 정리

키워드	검색량	VIEW 월 발행량
1박2일제주도	19710	3740
2박 3일 제주 여행코스	1830	9294
2박3일제주여행	18080	5183
2박3일제주여행코스	1830	9294
3월 제주 가볼만한곳	5750	13396
3월말 제주도 여행	210	1028
3월여행지추천	6910	556
3월제주도2박3일여행코스	850	22
3월제주도가볼만한곳	17030	270
3월제주도유채꽃	1280	1424
3월제주여행	3490	2358
4월제주도가볼만한곳	6310	80
봄꽃 여행지	200	419
봄제주도여행	160	4452
서귀포 갈만한곳	1970	1088
서귀포시 가볼만한곳	7190	103364
제주 2박3일 여행코스	110	1487
제주 2박3일 일정표	20	44
제주 가볼만한곳 30선	20	2055
제주 갯무꽃	200	32
제주 수국	4290	1216
제주 여행 2박3일추천코스	20	5040

키워드	검색량	VIEW 월 발행량
3월제주도2박3일여행코스	850	22
제주 갯무꽃	200	32
제주도 3박4일 여행코스	9770	38
제주도3박4일여행코스	9770	38
제주 2박3일 일정표	20	44
제주도 2박3일 여행코스 추천	20	45
제주도 자전거 여행	1840	51
제주도 힐링코스	170	66
4월제주도가볼만한곳	6310	80
제주도 체험여행	60	80
제주도2박3일여행코스	17130	88
제주도 유채꽃 피는 시기	140	203
제주도 유채꽃 개화시기	1390	264
3월제주도가볼만한곳	17030	270
제주도서부여행코스	3150	316
제주여행 코로나검사	680	389
봄꽃 여행지	200	419
제주도 뚜벅이 2박3일	80	454
제주도 우도 펜션	770	482
제주오션뷰호텔	2810	520
3월여행지추천	6910	556
제주 오름 여행	260	564
제주도 유채꽃 벚꽃	260	675
제주도 봄꽃	490	745
제주도 유채꽃 시기	46150	857

*지금까지의 과정을 무한 반복
⇒ 활용 가능한 키워드 리스트업

▲ 키워드 도구, 블랙키위, 엑셀 반복 활용

블랙키위의 간편 키워드 조회를 통해서 새롭게 찾은 키워드를 베이스로 다시 키워드 도구를 활용해서 또 새로운 키워드를 뽑고, 다시 블랙키위로 돌아와서 간편 키워드 조회 기능을 활용해서 새로운 키워드와 VIEW 월 발행량 데이터를 수집해주시는 것을 반복해주시면 됩니다. 이러한 반복(노가다) 과정을 거치면 좋은 키워드가 나올 수밖에 없습니다.

키워드	검색량	VIEW 월 발행량	서브키워드1	서브키워드2	컨셉
3월제주도2박3일여행코스	850	22	제주도서부여행코스	제주도 봄날	3월 봄날의 제주도 서부 여행 2박3일
제주도 3박4일 여행코스	9770	38	제주도 자전거 여행	4월제주도가불만한곳	4월 3박4일 제주도 가불만한 곳 FEAT 자전거
제주도 자전거 여행	1840	51	제주도 봄날	제주도서부여행코스	자전거 타고 떠나는 제주도 서부 봄날
4월제주도가불만한곳	6310	80	제주도서부여행코스	제주도 뚜벅이 코스	4월 제주 서부 뚜벅이 코스
제주도2박3일여행코스	17130	88	3월제주도가불만한곳	제주 풀빌라	3월 제주도 2박3일 풀빌라 숙소 가불만한 곳
제주도 유채꽃 개화시기	1390	264	제주도 유채꽃 시기	3월제주도유채꽃	3월 제주도 유채꽃 개화 시기
3월제주도가불만한곳	17030	270	제주도 유채꽃 시기	3월제주도유채꽃	3월 제주도 유채꽃 개화 시기에 맞춰 가불만한 곳
제주도서부여행코스	3150	316			
제주여행 코로나검사	680	389			
제주도 우도 펜션	770	482			
제주오션뷰호텔	2810	520			
3월여행지추천	6910	556			
제주도 유채꽃 벚꽃	260	675			
제주도 봄꽃	490	745			
제주도 유채꽃 시기	46150	857			
제주도1박2일코스	520	1018			
제주도 뚜벅이 코스	1980	1027			
제주도뚜벅이코스	1980	1027			
제주시 갈만한곳	870	1073			
서귀포 갈만한곳	1970	1088			
제주 수국	4290	1216			
제주 풀빌라	33470	1351			
제주도 동쪽 여행코스	500	1356			
제주도 봄날	1110	1415			
3월제주도유채꽃	1280	1424			
제주2박3일코스	9020	1643			

▲ 키워드 데이터를 기반으로 포스팅 순서 정하기

마지막으로 엑셀 파일을 정리해주시면 됩니다. 검색량, VIEW 월 발행량, 서브 키워드1, 서브 키워드 2, 컨셉 순으로 정리해 두었는데요.

서브 키워드에 대한 부분을 설명 드리겠습니다.

서브 키워드

우선, 블로그로 'A'라는 키워드를 상위노출하고 싶을 때 곧바로 A 키워드를 활용해서 상위노출을 하는 것 보다는 A 키워드를 이전에 블로그에서 사용한 적이 있으면 훨씬 더 상위노출 할 가능성이 높아집니다. 이를 내 블로그가 가지고 있는 키워드 지수라고도 이야기 합니다. 그래서 블로그 포스팅을 할 때는 '다음 번 포스팅에 사용할 키워드'를 미리 써 놓으면 좋습니다.

예를 들어 '3월 제주도 2박3일 여행코스' 키워드로 포스팅을 한다면, 다음 번에 포스팅 할 '제주도 3박 4일 여행코스' 키워드를 포함해서 블로스 포스팅을 하는 것입니다.

이런 식으로 A키워드를 활용하는 포스팅에 다음 번 사용할 키워드인 B키워드를 서브 키워드로 넣어 주시면 됩니다. 서브 키워드는 꼭 2개일 필요는 없습니다. 1개일 수도, 3개일 수도 있습니다. 포스팅 하는 내용에 따라서 관련이 있는 키워드를 선별해 다르게 진행해주시면 됩니다.

컨셉은 제목으로 이해해주시면 됩니다. 해당 키워드를 사용할 때 어떤 제목으로 포스팅을 할 것인지 미리 정해두는 것입니다. 이렇게 미리 포스팅의 제목(컨셉)을 미리 정해두면 어떤 식으로 포스팅을 할 것인지 대략적인 내용이 구상이 되기 때문에 포스팅을 할 때 마다 키워드를 활용하면서 내용적인 부분에 대해서 고민을 할 필요가 없어집니다. 좋은 키워드를 미리 찾아 두고 포스팅할 제목을 선정한 후에 전반적인 내용과 흐름에 맞는 이미지와 동영상을 구해오면 포스팅 일정표가 만들어지게 됩니다.

키워드	월간 검색량	VIEW 월 발행량	VIEW 누적 발행량
제주반디파스타	2160	37	448
큐브미콜라겐	1140	41	2917
3월제주도가볼만한곳	15640	231	7331
큐브미	26350	235	4895
제주감귤체험	23310	385	22848
함덕서우봉 유채꽃	1840	387	7152
제주 서우봉 유채꽃	860	405	6808
서우봉맛집	310	440	18291
제주 오드랑베이커리	15310	506	9559
서우봉카페	150	572	27433
제주 함덕 델문도	9570	598	23623
제주델문도	5180	683	27328
커스텀멜로우	59460	865	58601
제주 함덕서우봉	1500	941	55393
함덕서우봉	10880	1077	70112
시드물	213300	1184	86937
3월 제주도 유채꽃	1180	1266	35142
제주그랜드하얏트	54210	1600	25882
3월 제주도 여행	15190	2284	73301
1인용쇼파	85330	4860	112461
제주도유채꽃	37390	6429	197656
제주 함덕 가볼만한곳	17930	11103	496832
제주숙소	71100	33896	1444584
빔프로젝터	128000	35731	490155

(세로 화살표 옆 세로글씨: 적을수록 좋음)

▲ 블로그 포스팅은 도장깨기 식으로.

추가적인 팁을 드리자면, 블로그 포스팅을 할 때는 도장깨기 식으로 하시는 것이 좋습니다. VIEW 월 발행량에 필터를 입혀서 오름차순 정렬을 해주신 후 경쟁이 적은 키워드부터 하나 하나 포스팅을 해 나가는 것이 좋습니다. 물론, 지금 당장 블로그 투데이가 1,000 이상이고 웬만한 키워드의 상위노출이 자신이 있다면 상관이 없지만 이제 막 블로그를 시작했거나 블로그 지수가 낮다면 키워드의 경쟁강도가 낮은 키워드부터 하나씩 상위노출을 해 나가는 것이 현명한 방법입니다.

그리고 만약 블로그를 처음 시작했다면 처음부터 전문적인 포스팅이나 보유하고 있는 콘텐츠를 업로드 하기 보다는 동네 맛집 포스팅이나 제품 후기와 같은 가벼운 포스팅을 먼저 하시는 것을 추천 드리고 싶습니다.

이유는 간단합니다. 처음 시작한 블로그로는 상위노출을 하는 것이 현실적으로 매우 어렵습니다. 정성

들여 포스팅한 블로그 포스트가 노출이 되지 않으면 사실 의미가 없습니다. 그렇기 때문에 중요한 콘텐츠나 전문성을 띄는 포스팅은 어느 정도 키워드의 상위노출이 가능한 때에 하시는 것을 추천 드립니다.

그래서, 일상에서 가장 흔하게 포스팅할 수 있는 소재인 동네 맛집, 제품 후기 등의 가벼운 포스팅을 추천 드리는 것입니다. 블로그 지수를 쌓기에도 좋으며 포스팅을 하는 데에 큰 노동과 시간이 들지 않기 때문입니다.

6-2. 황금 키워드 활용하기

거인의
어깨 위에
올라타기

블로그를 처음 하는 분들께 필자는 '거인의 어깨 위에 올라타기' 전략을 활용하라고 말씀드립니다. 이미 많은 사람들에게 알려져 있는 업체명 & 브랜드명을 활용하는 것입니다. 이외로 많은 사람들에게 알려져 있어서 검색량은 많지만, 블로그 후기는 적은 경우들이 생각보다 많습니다. 이러한 키워드를 찾아서 활용하는 방법입니다.

필자가 주로 활용하는 키워드의 종류로는 근처의 식당, 내가 애용하는 의류나 화장품 브랜드, 편의점 신상 메뉴 등이 있습니다.

▲ OO 맛집 검색

▲ 업체별 검색량 확인

우리가 흔히 접할 수 있는 식당의 키워드를 살펴보면 좋은 키워드 지수를 가지고 있는 식당들이 정말 많습니다. 만약 사무실 근처에서 점심 식사를 해야 한다면 아무 생각 없이 식당을 찾아 가는 것이 아니라 블로그 포스팅을 염두에 두고 근처에 좋은 키워드를 가지고 있는 식당을 찾아서 방문해보시는 것은 어떠실까요? 조회수 대비 VIEW 월 발행량은 낮은 황금 키워드를 찾아서 방문하고, 포스팅까지 해서 좋은 트래픽을 발생시켜 투데이를 높일 수 있습니다. 물론, 이를 통해 체험단 문의 쪽지나 메일까지 오는 것은 덤이고요!

- 블로그를 운영함에 있어 체험단을 이용하는 것에 대해 부정적인 시선을 가지고 있는 분들이 더러 있는 것을 보았습니다. 필자는 체험단의 이용을 적극 추천 드리고 싶습니다. 물론, 너무 체험단 포스팅만 난무하면 블로그의 전문성이 떨어지기 쉽습니다. 하지만, 블로그 소재가 필요하고 투데이와 지수를 빨리 올려야 하는 블로그 운영 초기에는 체험단도 진행하면서 콘텐츠도 받고, 새로운 키워드의 노출도 공략해 전반적인 블로그 지수를 쌓는 것이 좋다고 생각합니다.

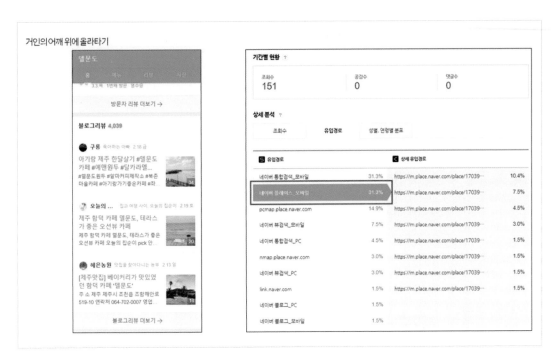

▲ 네이버 블로그 통계 〉유입 스마트플레이스

식당과 같은 스마트 플레이스 등록 지점의 후기를 작성하면 좋은 점이 또 있습니다. 바로, 해당 식당의 블로그 리뷰 후기가 플레이스 탭에 노출이 되어서 내 포스팅이 보여진다는 점입니다. 덕분에 해당 장소의 플레이스로 유입된 유저들이 내 블로그 포스팅으로 넘어오는 경우도 쏠쏠합니다.

이미 유명해서 검색자들의 검색은 많지만, 생각보다 블로그 후기가 많이 작성되지 않아 경쟁은 치열하지 않은 플레이스의 블로그 리뷰를 남김으로써 거인의 어깨 위에 올라타는 전략을 실행하는 것입니다.

6-3. 블로그를 운영할 때 가지면 좋은 습관들

지금껏 키워드를 활용하는 간단한 방법에 대해서 설명해드렸습니다. 지금부터는 블로그를 포스팅할 때, 블로그를 운영할 때 가지면 좋은 간단한 습관들에 대해서 설명해드리겠습니다.

01. 원고의 텍스트는 미리 써두는 것이 좋습니다.

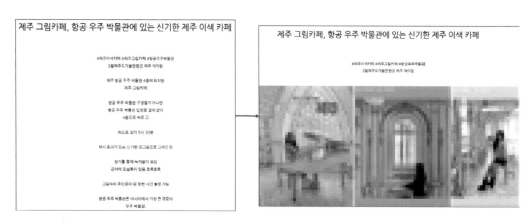

▲ 원고를 미리 쓴다는 것은 포스팅을 기획하는 것과 같습니다

일반적으로 콘텐츠를 기획할 때는 내용(텍스트)를 먼저 작성하고, 이에 적합한 이미지나 동영상 콘텐츠를 기획합니다. 블로그로 예를 들어드리겠습니다. 어느 카페에 방문해서 사진을 먼저 촬영하고 나서 해당 카페에 대한 포스팅을 하려고 사진을 얻게 되면 포스팅을 할 때 텍스트 원고의 내용을 사진에 끼워 맞추기 식으로 포스팅할 수밖에 없습니다.

하지만, 미리 해당 카페에 대한 정보를 알아본 후 간단하게 나마 포스팅 원고를 미리 작성해서 저장해 둔 후 카페에 방문하여 해당 내용에 어울리는 사진을 촬영하면 원고 내용에 적합한 사진을 촬영할 수 있습니다. 포스팅의 내용도 훨씬 자연스럽고, 사진에 원고를 맞춘 포스팅이 아닌 원고에 사진을 맞춘 포스팅이기 때문에 스토리텔링도 훨씬 보기 좋게 구성이 됩니다.

그리고 필자가 엑셀을 만들 때 미리 컨셉(제목)을 짜두라고 했던 것을 기억하시나요? 이 때 미리 짜둔 컨셉을 기반으로 블로그 포스팅의 텍스트를 미리 적어 놓은 후 해당 내용에 맞는 사진과 동영상을 촬영해 온다면 콘텐츠가 미리 준비될 수 있습니다.

02. 과거형 문체를 쓰는 것이 좋습니다.

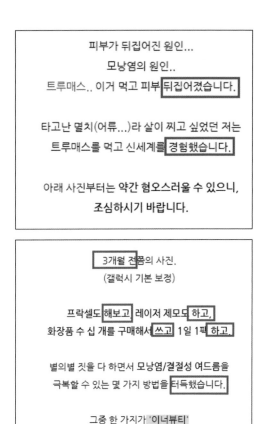

▲ 네이버가 좋아하는 '후기성', '정보성' 형식의 포스팅 하기

네이버의 알고리즘이 좋아하는 포스팅은 크게 두 가지입니다. 바로 '후기성'과 '정보성' 정보를 제공하는 정보성 콘텐츠는 과거형 문체가 적합하지 않은 경우들이 많지만 후기성 콘텐츠의 경우에는 일부러 더 과거형 문체를 사용해주는 것이 좋습니다. 특히 후기/리뷰/내돈내산 형태의 콘텐츠에는 더욱 과거형 문체가 네이버의 알고리즘에 간택을 받을 가능성이 높아집니다. 네이버는 직접 창작한 오리지널 콘텐츠, 정보성 콘텐츠, 후기형 콘텐츠와 원고에 대해서 높은 점수를 반영해주는 것으로 알려져 있습니다.

필자의 경우 포스팅을 할 때 원고를 모두 작성한 이후 문체를 수정하는 편입니다. 과거형 문체로 수정할 수 있는 경우, 직접적인 과거 날짜를 표기할 수 있는 경우, 경험에 대한 공유 등 과거 문체로 나타낼 수 있는 표현은 모두 과거형으로 표기하고 있습니다.

03. 블로그 포스팅의 체류 시간을 높여주는 것이 좋습니다.

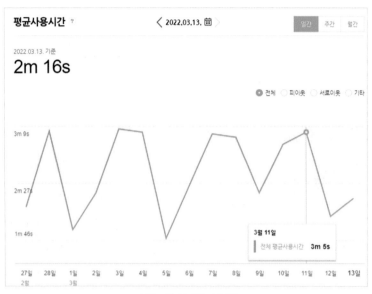

▲ 블로그 통계 〉 평균 사용시간

내 블로그 포스팅 하나 하나 당 높은 체류 시간이 발생할 수 있도록 관리해주는 것이 좋습니다. 모든 포스팅을 정성껏 작성하는 것도 좋은 방법이지만, 이를 조금 더 쉽게 하는 개인적인 노하우 몇 가지를 공유드릴까 합니다.

① 포스팅의 상/중/하단 부분에 움짤 활용하기.

누군가를 만날 때 첫인상이 중요하듯, 블로그 포스팅에서도 첫인상이라고 할 수 있는 첫 이미지와 문구가 굉장히 중요합니다. 눈길을 사로잡을 수 있는 첫 이미지와 문구를 사용해야 합니다. 그래야만 아래 부분의 남은 포스팅을 마저 읽기 때문입니다. 필자의 경우 중요한 포스팅을 할 때 항상 움짤을 활용하는 편입니다. 움짤은 시선을 확 사로잡는 역할과 함께 다음 내용에 대한 궁금증을 유발하는 역할을 해줍니다. 가장 시선을 사로잡기 좋은 움짤을 포스팅의 최상단에 배치해서 키워드를 입력하고 방문한 유저들의 시선을 사로잡아 아래 내용까지 읽어볼 수 있도록 유도하는 방법입니다.

또한, 포스팅의 내용이 점차 길어질 때 즈음 움짤을 또 사용해줍니다. 너무 텍스트와 이미지가 많아지면 보는 사람 입장에서는 지루해지기 마련입니다. 글을 작성한 이후 읽는 사람의 관점으로 글을 점검하면서 '내용이 지루해질 것 같다' 싶을 때 쯤 움짤을 배치해서 다시 한 번 시선을 사로 잡아 아래 내용도 읽어볼 수 있도록 유도하는 방법입니다. 마찬가지로, 포스팅의 최하단 부분에도 움짤을 넣어주어서 CTA가 포함이 된 마지막 문구(지금 예약하세요, 지금 방문하세요 등)을 더 집중있게 볼 수 있도록 유도합니다.

② 내 블로그 포스팅 큐레이션

▲ 하나의 문서를 통해 여러 개의 문서를 볼 수 있게 만들기

블로그 포스팅을 하면서 이전에 작성했던 블로그 포스팅, 참고하기 좋은 블로그 포스팅의 링크 URL 을 달아줍니다. 그래서 하나의 블로그 포스팅만 보고 떠날 수 있는 유저를 2개, 3개, 그 이상의 포스팅 을 볼 수 있도록 해서 블로그 자체의 체류 시간을 높여주는 방법입니다. 특히 정보성 포스팅을 활용할 때 좋은 방법이니 적극적으로 활용하시기 바랍니다. 이 방법은 단순히 체류시간을 높여주는 것 뿐 아 니라 네이버 블로그를 특정 분야에서 최적화 시키는 방법에도 포함됩니다.

③ 파일 다운로드 및 스크랩 유도

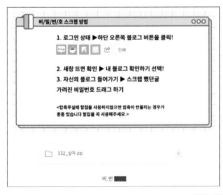
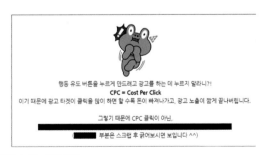

▲ 다운로드 받을 수 있는 파일 공유

블로그의 체류 시간과 관련이 깊은 내용 중 하나입니다. 블로그에 파일을 등록해서 다운로드를 받도록 유도하는 것입니다. 다운로드 받는 방법이나 다운로드 받은 자료를 활용하는 방법까지 넣어주면 금상첨화겠죠? 다운로드를 받으면서 자연스럽게 체류시간이 길어지고, 다운로드가 많아질 수록 네이버는 좋은 콘텐츠가 포함된 문서라고 여기게 됩니다.

여기서 더 나아가서 블로그 포스팅 자체를 스크랩 해야지만 비밀번호의 열람이 가능하도록 하는 방법도 있습니다.

스크랩 또한 블로그와 포스팅 점수에 큰 영향을 주는 역할을 합니다. 이전에 블로그 알고리즘의 핵심이 리브라 로직이었을 당시엔 블로그 스크랩이 상위노출에 절대적인 때가 있었습니다. 예전만큼은 아니지만 지금도 역시 블로그 스크랩이 상위노출에 영향을 미치기 때문에 블로그 상위노출 작업을 하는 업체들은 스크랩 어뷰징을 통해서 상위노출을 꾀하기도 합니다.

④ 1일 1포스팅

▲ 예약 기능 활용하기

사실 1일 1포스팅은 하지 않아도 됩니다. 예전만큼 네이버가 주기적으로 포스팅을 업로드 하는 블로거에게 추가 점수를 주는 부분이 적어졌기 때문입니다. 최근에는 오히려 하나의 포스팅을 하더라도 제대로 된 포스팅을 하는 블로거를 더 선호합니다.

필자가 엑셀에서 컨셉 행, 제목을 미리 정해 놓으라고 한 이유기 있습니다. 어떤 포스팅을 할지 미리 제목을 정해 놓으면 포스팅의 방향이 정해집니다. 해당 포스팅을 어떤 식으로 구성할지에 대해서 미리 원고를 작성하고, 사진을 촬영하면 포스팅을 할 준비가 끝이 납니다. 이렇게 10개 정도의 포스팅 거리를 미리 준비해두고, 저장 기능이나 예약 기능을 활용하면 주기적인 포스팅의 업데이트가 가능합니다.

1일 1포스팅까지는 아니더라도, 주기적인 포스팅 발행을 위해서 어떤 포스팅을 할지에 대해서 미리 기획해두는 습관을 가지면 블로그의 관리가 훨씬 쉬워집니다.

⑤ 키워드별 검색의도&맥락 파악

▲ 출처 : 네이버 검색 블로그

내가 사용하고자 하는 키워드를 검색하는 사람들의 검색 의도는 네이버의 C-Rank 알고리즘 중 Context(맥락)으로 연결이 됩니다. 검색자의 검색 의도가 키워드 별 검색 결과에 반영이 된다는 의미입니다. 네이버 검색 블로그에서는 '김치' 키워드로 예시를 들어주고 있습니다.

누군가 '김치' 키워드를 검색한다면 크게 1) 김장 담그는 방법이 궁금해서 2) 김치를 구매하기 위해서 3) 김치와 관련된 어떠한 이슈가 있어서 입니다. 평소에 네이버에 김치를 검색하면 김치 구매자들을 위한 네이버 쇼핑 탭과 블로그 후기가 등장합니다. 김장철에는 김치 담그는 방법이 소개된 뷰탭이 등장하고, '중국산 김치 문제'와 같은 이슈가 발생하면 뉴스 탭이 등장합니다.

이런 식으로 네이버는 해당 키워드를 검색하는 검색자의 의도와 시기에 따라서 보여지는 검색 결과를 다르게 나타내줍니다. 이는 Context 알고리즘 때문입니다. 그렇기 때문에 우리는 우리가 원하는 키워드를 사용하기 이전에 꼭 모니터링을 해서 내가 포스팅하고자 하는 내용이 검색하는 검색자의 검색의도에 맞는 내용을 담고 있는지에 대해서 검증을 하고 포스팅을 해야만 합니다. 검색의도에 맞지 않는 포스팅은 키워드의 상위노출이 발생하지 않기 때문입니다.

⑥ 모니터링 – 스마트블록

▲ 네이버 '캠핑' 검색 결과

네이버의 스마트 블록이 점점 확대되고 있습니다. 스마트블록이란, 최근 A키워드를 검색한 유저들이 가장 많이 찾아본 주제를 모아서 보여주는 기능이라고 이해하시면 됩니다. 캠핑의 경우, 캠핑이라는 키워드를 찾아 본 유저들이 '삼길포 캠핑'의 콘텐츠에 높은 관심도를 보였기 때문에 네이버에서 이를 스마트 블록으로 주제 모아보기 기능을 통해서 유저들에게 보여주는 기능입니다. 만약 '캠핑' 키워드를 활용해서 포스팅을 할 예정이라면, 이를 상위노출 하고 싶다면 '삼길포 캠핑' 키워드를 활용해서 포스팅하는 것이 좋습니다.

검색자들이 가장 많이 찾는 주제이면서 동시에, 내 포스팅이 스마트 블록의 주제에 포함되는 문서로 올라가야 네이버 통합검색 탭에서 내 포스팅을 노출시킬 수 있기 때문입니다(스마트 블록의 경우 롤링이 심하므로 여러 번 키워드를 검색해 보는 것이 좋습니다).

6-4. 네이버 블로그 알고리즘

지금까지 네이버 포스팅을 하기 전에 소소하게 가지면 좋은 습관들에 대해서 간략하게 설명 드렸습니다. 지금부터는 네이버의 핵심 알고리즘을 구성하는 부분들에 대해서도 설명해드리겠습니다.

현재 네이버에서 가장 중요한 알고리즘은 역시 C-Rank 알고리즘입니다.

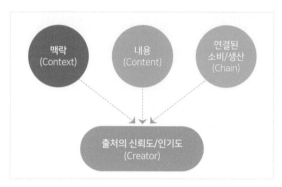

▲ 출처 : 네이버 검색 블로그

Context(맥락), Content(내용), Chain(연결된 소비/생산), Creator(출처의 신뢰도/인기도)의 맨 앞 글자인 C를 따서 C-Rank 알고리즘이라고 합니다. 이 알고리즘은 네이버 봇이 콘텐츠의 문서를 파악할 때 콘텐츠의 맥락(Context/검색 의도 및 시기성), 콘텐츠에 대한 내용(Content/오리지널 콘텐츠, 정보성/신뢰성), 콘텐츠의 트래픽과 소비(Chain/ 스크랩, 체류시간, 트래픽)을 의미합니다.

그리고 이 3가지 점수를 합산하여 출처의 신뢰도/인기도인(Creator) 점수를 추출하는 방식이라고 이해하시면 쉽습니다. 3가지의 대표 C랭크인 맥락/내용/연결된 소비,생산의 점수가 높은 문서를 많이 작성한, 출처의 신뢰도와 인기도가 높은 Creator가 작성한 문서가 상위노출에 유리한 방식입니다.

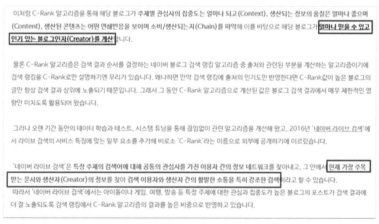

▲ 출처 : 네이버 검색 블로그

C-Rank 알고리즘과 네이버 블로그 검색

네이버 라이브 검색에 적용된 C-Rank와 블로그 검색에 적용된 C-Rank가 같다고 할 수는 없습니다.

라이브 검색에서는 관심사를 기반으로 주제에 따라 역동적인 검색 결과를 제공하기 위해 '좋아요'나 댓글 등의 피드백, 유사한 이용자의 네트워크 정보, 그리고 장소, 시간, 날씨 등 현재 상황에 따른 맥락을 고려하고 있는데 이러한 요소가 보통의 블로그 검색에서는 보편적으로 검색 이용자에게 만족을 준다고 할 수 없기 때문입니다.

그러나 C-Rank 알고리즘의 기본이 되는 개념인 출처의 신뢰도와 인기도는 라이브 검색과는 또 다른 방식으로 블로그 검색 결과에 반영되고 있으며, 그 비중을 점차 늘려 가고 있습니다.

C-Rank 알고리즘에서 블로그의 신뢰도와 인기도를 측정하는 핵심은 해당 블로그가 특정한 주제, 즉 '**특정 관심사에 대해서 얼마나 깊이가 있는 좋은 콘텐츠를 생산해 내는가**'입니다.

이전 포스트에서도 의무적으로 포스팅되는 일상 글보다는 전문성을 살린 단 하나의 글이 블로그 검색 결과 노출에 더 도움 될 것이라고 말씀 드린 바 있는데요. 블로그 검색 결과에 C-Rank 알고리즘 반영 비율을 높일수록 더욱 더 그러한 블로그와 그렇지 않은 블로그의 차이가 커집니다.

▲ 출처 : 네이버 검색 블로그

C-Rank 알고리즘의 한계와 개선 방향

그런데 위에서 설명드린 C-Rank 알고리즘에도 명확한 한계가 있습니다. C-Rank 알고리즘을 통해 계산된 결과가 검색 랭킹에 많이 반영되면 될수록 **문서 자체의 품질보다는 출처의 품질에 따른 결과가 검색 결과에서 강조될 가능성**이 있다는 점입니다.

물론 좋은 블로그에서 좋은 문서를 포스팅할 확률은 그렇지 않은 블로그보다 높다고 할 수 있겠으나 좋은 블로그라고 항상 좋은 글만, 나쁜 블로그라고 항상 나쁜 글만 생산하는 것은 아니기 때문입니다.

그렇기 때문에 C-Rank 알고리즘을 확대해 반영할수록 지난 포스트에서 설명드린 속칭 '최적화 블로그'나 '저품질 블로그'라고 이야기되는 것과 유사한 현상이 나타날 수 밖에 없고, 이러한 현상이 많은 블로거분들께 쉽게 해결할 수 없는 고충으로 작용하기에 C-Rank 알고리즘 역시 많은 개선과 테스트를 진행하고 있습니다.

▲ 출처 : 네이버 검색 블로그

하지만 이 방식에는 큰 결함이 하나 있습니다. Creator 점수가 높은 유저의 글이 무조건적인 상위노출에 올라가게 됩니다. 3가지 점수를 잘 쌓은 문서를 많이 발행한 블로그를 키워 Creator 점수를 높이게 되면 어떤 문서를 작성하던 원하는 키워드의 상위노출이 가능한 것입니다. 그래서 한 때 네이버는 소위 파워블로거, 뷰스타와 인플루언서들의 글이 View 탭을 장악했던 적이 있습니다.

그래서 최근 네이버는 Creator 점수의 비중을 낮추고 Context의 비중을 높인 알고리즘으로 대체한 것으로 보입니다. Context 점수가 높은 문서가 가장 검색자의 검색 의도에 맞는 문서를 추천해주는 비중이 높으니까요. 최근에는 Context의 요소가 가장 중요한 요소로 떠 오르긴 했지만, 나머지 Content와 Chain, 그리고 Creator의 요소가 중요하지 않은 것은 아닙니다. 중요도의 차이가 조금 있을 뿐입니다. 모든 요소 하나하나가 복합적으로 계산되어 점수에 반영이 되니 모든 요소를 신경 써야 함은 기본입니다.

Context 요소

앞서 강조한대로 네이버는 검색자의 검색 의도를 굉장히 중요하게 여깁니다. 누구나 특정 키워드를 검색할 때는 검색하고자 하는 키워드에 대한 기댓값(검색 의도)이 있습니다. 그리고 검색 결과는 이 검색자의 기댓값에 최대한 가까운 검색 결과를 보여주어야 합니다. 그래야 이용자들이 불편을 느끼지 않고 검색 포털을 이용할 수 있습니다.

또한, 오래된 문서 보다는 가장 최근의 문서를 선호하는 경향이 강합니다. 많은 사람들이 오래된 정보 보다는 최근의 정보를 더 많이 찾아보게 되니까요. 하지만 오래된 문서라고 해서 무조건 좋지 않은 내용이라거나 검색 의도에 맞지 않다고 보기는 어렵기 때문에 최신성 점수에 높은 점수를 주는 것도 사실이지만, 사람들이 많이 찾아보는 오래된 문서 또한 계속해서 검색 결과에 노출이 될 수 있습니다.

네이버는 주기적으로 '롤링'이라는 시스템을 통해서 문서를 검증합니다. 상위노출이 된 문서를 뒤로 보내고, 상위노출 되지 않은 문서를 앞으로 올리는 것인데요. 이 때의 반응도를 체크해서 새로운 순위가 메겨지는 경우들이 많습니다.

Context 점수를 요약하자면, 문서의 시의성과 최신성, 검색의도에 부합하는 내용인지에 대한 점수라고 할 수 있습니다. 한 마디로 '최근 사람들이 많이 찾는 정보'가 포함된 문서에 높은 점수를 주는 것이죠.

Context의 요소를 높이기 위한 글쓰기

Context는 검색자의 검색 의도가 반영된 검색 노출을 목표로 합니다. 그렇기 때문에 항상 원하는 키워드를 사용하기 이전에 키워드를 검색해서 모니터링을 해보아야 합니다. 예를 들어서 '크리스마스 케이크' 라는 키워드를 사용하고자 한다면, 이 키워드를 꼭 네이버에 검색해서 어떤 문서가 노출되고 있는지 파악해야 합니다.

크리스마스 케이크 '후기'가 노출되고 있는지, 크리스마스 케이크 '만들기'가 노출되고 있는지, 크리스마스 케이크 '판매처'가 노출되고 있는지요.

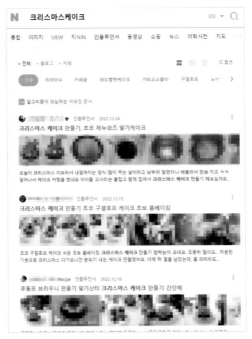

▲ 네이버 〉 크리스마스 케이크 검색 결과

크리스마스 케이크 '만들기'가 노출되고 있는 것을 확인할 수 있습니다.

위의 이미지에서 볼 수 있듯, '크리스마스 케이크' 검색 시 크리스마스 케이크 '만들기'가 노출되고 있음을 확인할 수 있습니다. 만약 '크리스마스 케이크' 키워드로 상위노출을 원한다면 작성하는 문서(블로그 포스팅)이 '크리스마스 케이크 만들기'에 초점이 맞추어져야 함을 의미합니다. '크리스마스 케이크'를 검색하는 검색자들의 검색 의도가 '케이크 만들기'에 관심이 많음이 검색 결과에 반영이 되었기에 이러한 검색 결과가 나타나는 것입니다.

Content 요소

Content 점수는 말 그대로 콘텐츠 자체의 점수를 의미합니다. 좋은 문서인지 좋지 않은 문서인지에 대해 판단하는 기준이라고 보시면 되는데요, 원고의 길이와 사진 장수, 유저들의 체류 시간 등이 Content 점수 항목에 포함이 됩니다. 하나의 문서에 대한 Content의 점수와 더불어 전체 문서에 대한 평균적인 Content 점수를 합산하기 때문에 모든 문서에 대한 관리가 중요합니다. 예전처럼 1일 1포스팅으로 다양한 키워드를 많이 써서 블로그를 키우는 전략 보다 1주일에 1개를 쓰더라도 정성껏 쓰는 것이 더 중요해진 이유이기도 합니다.

Content의 요소를 높이기 위한 글쓰기

Content 요소는 말 그대로 좋은 콘텐츠인지 아닌지에 대해서 네이버가 판단하는 것입니다. 가장 간단하게 네이버가 좋은 문서인지 아닌지 판단하는 기준으로 '체류 시간', '반응도'를 꼽을 수 있습니다. 이때 가장 중요한 '체류 시간'을 높이는 문서를 발행해야 합니다. 문서 하나 하나의 체류 시간 뿐 아니라 블로그 자체의 체류 시간을 높일 수 있는 전략을 취하는 것이 좋습니다. 블로그를 통해 파일을 다운로드 받도록 유도하거나, 시리즈 형태의 콘텐츠를 발행해서 하나의 게시물이 여러 개의 게시물로 연결이 될 수 있도록 하는 방법 등 하나의 문서에 오랜 시간 머무를 수 있게 하면서 동시에 다른 문서도 함께 소비될 수 있도록 하는 것이 중요합니다.

또한, 키워드 별 적절한 문서의 길이와 사진 및 동영상 파일의 개수도 조금씩 정해져 있는 경우들이 있으며, 키워드 별로 네이버가 좋아하는 문서의 구성이 다릅니다. 그래서 키워드를 활용하기 이전에 모니터링을 통해서 대략적으로 어느 정도 길이의 문서와 첨부 파일이 필요한지, 그리고 문서의 구성은 어떻게 발행하는 것이 좋을지에 대해 미리 기획하는 것이 중요합니다. 상위노출이 되어 있는 원고들의 원고 형태/구성이 비슷한 데에는 이유가 있습니다.

Chain의 요소

Chain은 한 단어로 표현하자면 '트래픽'입니다. 블로그나 네이버의 타 채널의 내부, 그리고 외부 채널을 통한 트래픽 유입에 대해 높은 점수를 반영해주는 것을 의미하며, 블로그에서 가장 대표적인 기능으로는 스크랩 기능이 있습니다. 예전에 네이버의 알고리즘이 리브라 로직이 주를 이룰 때는 이 스크랩의 영향력이 막강했습니다. 그래서 스크랩 품앗이를 하거나, 상위노출 업체에서는 스크랩 작업을 통해서 블로그의 상위노출을 만들어내곤 했습니다. 하지만, 이러한 꼼수로 인해 네이버에서는 예전처럼 스크랩 자체의 점수를 높이 평가하지 않습니다. 오히려 트래픽의 퀄리티를 따져서 좋은 내/외부의 트래픽을 통한 문서의 소비를 평가하고 있습니다.

Chain의 요소를 높이기 위한 글쓰기

블로그 자체만으로는 Chain의 요소를 활용하는 데에 한계가 있습니다. 보통 외부 트래픽의 점수가 높게 평가되기 때문입니다. 필자 같은 경우에는 마케팅 칼럼을 마케팅 커뮤니티인 아이보스에 제공하고, 제 블로그 주소를 남겨 놓습니다. 이를 통해 외부 트래픽을 받고, 콘텐츠 소비를 발생시킵니다. 종종 페이스북의 스폰서 광고를 활용해서 페이스북과 인스타그램의 트래픽을 네이버 블로그로 가져오는 경우도 있습니다.

Creator의 요소

Creator 요소는 한 마디로 '신뢰도'입니다. Context, Content, Chain 3가지 C랭크 점수를 합산해서 Creator의 점수를 나타냅니다. 이 3가지 점수가 높은 창작자를 신뢰도가 높은 창작자라고 판단, 상위노출의 가능성을 높여줍니다. 특히, 네이버에는 '최적화' '준최적화'라는 개념이 있습니다. 특정 카테고리 내의 키워드를 상위노출을 잘 하는 블로그를 의미하는데요, 필자 같은 경우에는 마케팅 관련 키워드는 웬만하면 상위노출을 하는 편이지만 다른 분야의 키워드는 상위노출을 잘 하지 못하는 편입니다.

이는, 필자가 그 동안 꾸준히 마케팅 칼럼을 작성하면서 관련 키워드에 대한 지수를 쌓고, 카테고리 점수를 쌓아 나가면서 Creator 점수를 높게 쌓아 왔기 때문입니다. 하지만 다른 분야에 대해서는 포스팅 자체를 잘 하지 않았기 때문에 다른 분야의 키워드 상위노출은 잘 안 되는 편입니다.

Creator의 요소를 높이기 위한 글쓰기

특정 분야에 대한 전문인이 되는 것을 목표로 블로그를 운영해주시면 됩니다. 필자가 말씀드렸던 것처럼 블로그 운영 초반에는 '거인의 어깨 위에 올라타기' 전략을 통해 블로그 자체의 지수를 쌓아 나가다가 추후 내가 원하는 카테고리와 관련된 포스팅에 집중하는 것입니다. 마케팅 블로그를 운영하고 싶다면, 마케팅 칼럼을 주로 써주는 것이죠. 특정 분야에 대한 꾸준한 전문성을 인정받으면 해당 카테고리 키워드를 활용했을 때 상위노출 가능성이 매우 높아집니다. 또한, 전문성을 인정받은 후 인플루언서로 신청해서 인플루언서가 되면 확실히 일반 블로거 보다 원하는 키워드의 상위노출이 훨씬 유리해집니다.

최근 네이버 검색 결과의 변화에 대한 생각

우선, View 탭의 노출이 점점 밀리고 있는 상황입니다. 네이버는 점점 본인들의 수익을 챙길 수 있는 〈쇼핑〉, 〈지도〉를 우선적으로 노출시켜주려는 경향이 강합니다. 예전에는 블로그 콘텐츠가 가장 많이 보였던 키워드들이 점차 쇼핑 탭과 지도 탭이 가장 먼저 보이기 시작했습니다.

더불어, 스마트 블록/에어서치가 적용되고 점차 확대됨에 따라 일반 블로거들의 블로그 포스팅이 노출되는 영역이 점차 줄어들고 있는 추세입니다. 인플루언서들의 글만 통합검색에 노출되는 경우도 있고, 웹사이트 글만 노출되는 경우도 많아졌습니다. 그리고, 점점 후기성 글의 노출이 많아지면서 단순 포스팅 보다는 후기/정보성 콘텐츠가 아니면 검색 노출을 하기가 어려워지기도 했습니다.

또한, 네이버에서는 'oo맛집'과 같은 키워드를 검색하면 '이런 키워드는 어때요?'라는 식으로 제안을 해주거나 연관 키워드를 카테고리 별로 나누어 별도의 검색을 하지 않아도 유저들이 편하게 원하는 정보를 얻을 수 있도록 해주는 기능들을 계속해서 업데이트 하고 있습니다.

네이버의 최종 목적은 결국 '유저들이 검색하지 않아도 원하는 정보를 제공해주는 것'입니다. 그러다 보니 자연스럽게 키워드의 검색량 자체가 줄어들 수밖에 없습니다. 이제 우리는 단순히 키워드 하나에 집중해서 키워드를 공략하는 것을 넘어서 키워드와 검색자의 검색의도, 키워드 확장 전략을 통해서 유저들이 검색하지 않아도 충분한 정보를 얻을 수 있는 포스팅을 해주어야만 합니다.

또한, 지속적인 네이버 모바일 앱 화면의 개편을 통해서 유저들이 좋아할 만한 콘텐츠를 큐레이션 해주고 있습니다. 굳이 검색하지 않아도 필요한 제품을 쇼핑하거나 보고 싶은 관심사 콘텐츠를 소비할 수 있도록 만드는 쪽으로 바꾸고 있는 중입니다.

CHAPTER 07

네이버 쇼핑 SEO

네이버 쇼핑 SEO 역시 가장 중요한 것은 키워드입니다. 어떤 키워드를 활용하느냐가 가장 중요하며, 네이버 쇼핑에서 키워드를 활용할 때는 항상 키워드 별 카테고리를 잘 정리하고 같은 카테고리에 포함되어 있는 키워드끼리 묶어서 사용해야 한다는 점을 잊지 마시기 바랍니다.

이번 목차에서는 1부에서 설명한 키워드 활용에 대한 내용은 빼고, 네이버 쇼핑/스마트스토어에서 쇼핑 탭의 상위노출을 만들어 낼 수 있는 SEO 가이드에 대해 설명해드리도록 하겠습니다.

우선 SEO 가이드에 적합한 상품 등록 방법부터 설명드리겠습니다.

7-1. SEO 점수 챙기는 스마트스토어 상품 등록 방법

우선, 카테고리-키워드 매칭이 그 무엇보다 중요하다는 사실을 다시 한 번 더 강조드립니다. 모든 키워드는 정해진 카테고리에 들어가야지만 상위노출이 될 수 있습니다. 그래서 엑셀표 관리가 정말 정말 중요합니다. 엑셀 관리를 통해서 상품명을 정했다면, 해당 상품명을 적용해서 등록해주시면 됩니다. 상품명을 최초 등록할 때는 가능하면 30자 이내로, 같은 키워드의 반복은 최대 2~3회 정도로, 스토리텔링 형태의 간결한 제목을 해주시는 것이 바람직합니다.

▲ 스마트스토어 판매자 센터 〉 상품관리 〉 상품 등록

최초 상품을 등록할 때는 네이버에서 제시하는 SEO의 기준에 맞추어 주는 것이 좋습니다. 네이버에서는 30자 이내로, 특수기호 사용 없이, 중복 단어를 사용하지 않고서 상품명을 작성할 것을 권장하고 있습니다.

앞서 언급한대로, 최초의 상품 등록은 SEO 기준에 맞추어 30자 이내의 제목을 등록해주신 후 추가적으로 키워드를 뒷부분에 하나씩 넣어주시는 것을 추천 드립니다.

▲ 판매가 〉할인 설정

가격을 설정하실 때는 꼭 할인을 적용해주시는 것이 좋습니다. 기존의 판매 가격이 9,900원이라면 14,900원 정도로 판매가를 입력해주시고 할인에 5천원 할인을 해주셔서 가격을 맞춰주시면 좋습니다. 또한, 추후 진행하게 될 럭키 투데이나 기획전에서도 할인이 들어가야지만 승인이 나기 때문에 할인은 꼭 등록하시는 것이 좋습니다.

▲ 옵션 설정

이후 판매하는 상품의 옵션에 맞추어 등록해주시면 됩니다.

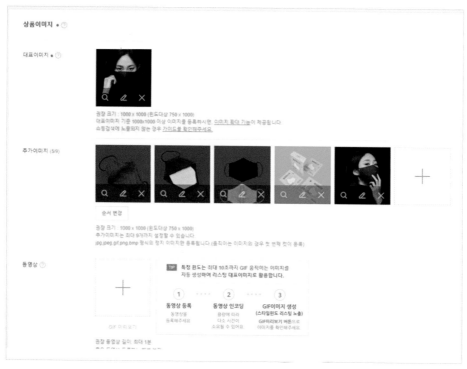

▲ 상품 이미지 설정

대표 이미지(1장)과 추가 이미지(10장)은 모두 등록하실 것을 추천 드리며, 이미지에는 키워드가 포함되도록 저장하여 사용하실 것을 추천 드립니다. 필자 같은 경우에는 이미지를 상품명과 동일하게 저장하여 등록하고 있습니다.

▲ 상세 설명 설정

상세 설명을 설정할 때는 텍스트+이미지 형태의 블로그 포스팅 형태가 가장 좋습니다. 그래야 내가 원하는 키워드를 최대한 많이 언급할 수 있으며, 첨부할 수 있는 이미지나 움짤, 동영상의 숫자도 더 많아집니다.

네이버 스마트스토어에서는 상세 페이지의 템플릿을 제공해주고 있습니다. 해당 템플릿을 활용하여 상품 등록을 하시는 것도 좋은 방법이 될 수 있습니다. 물론, 네이버 SEO의 관점으로만 따지자면 블로그 형태의 상품 등록이 좋긴 하지만 '브랜드'라는 느낌을 더 살리기 위해서는 원페이지 형태의 디자인 상세 페이지가 더 적합할 수 있습니다. 처음에는 네이버 쇼핑 SEO를 위해서 블로그 형태의 상세 페이지로 구성을 한 후 어느 정도 순위가 올라오고 판매량이 뒷받침이 된다면 원페이지 형태의 이미지를 상세 페이지로 바꿔주는 것을 추천 드리고 싶습니다.

▲ 상품 주요 정보 설정

상품 주요 정보 역시 SEO에 큰 역할을 하는 부분이며, 특히 상품 속성의 경우 네이버 쇼핑 검색 결과 시 이용자가 속성값에 따라 필터링을 할 수도 있기 때문에 명확하게 설정해주시는 것이 좋습니다.

▲ 네이버 쇼핑 검색 결과

위와 같이 카테고리 별로 나타나는 상품의 속성값에 따라 필터링이 될 수 있기 때문에 입력할 수 있는 상품의 속성은 모두 입력해주는 것이 가장 좋습니다.

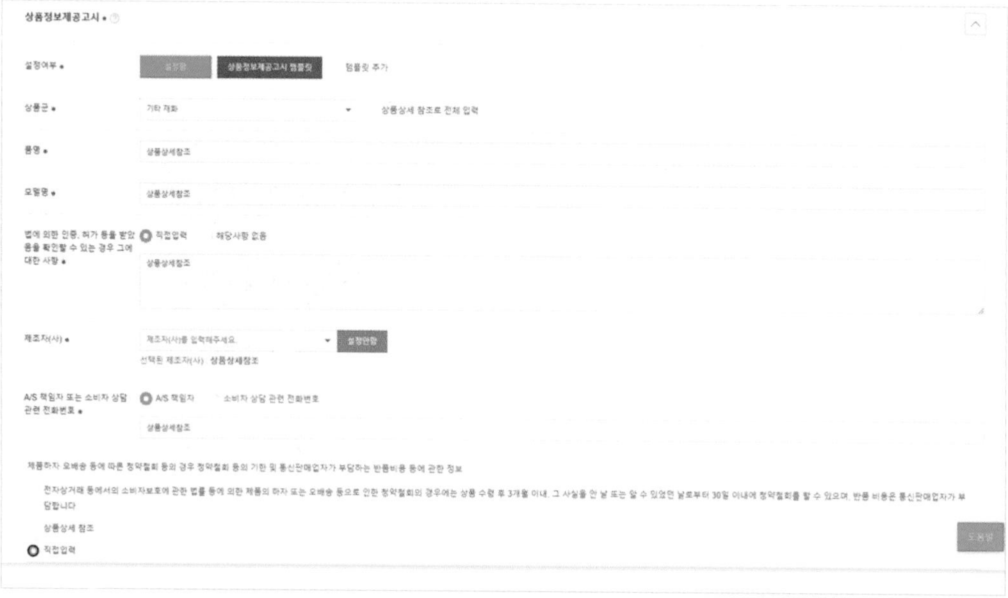

▲ 상품정보제공고시 설정

상품정보제공고시 또한 SEO의 영향을 받는 부분입니다. 다만, 그 점수가 높지 않을 뿐입니다. 직접 입력을 통해서 키워드를 노출시킬 수 있다면 직접 입력을 활용하면 좋지만 많은 시간을 투자할 만큼의 가치가 있는 작업은 아닙니다.

▲ 추가 상품 설정

추가 상품은 꼭 설정해주시는 것이 좋습니다. 포장 +0원/+10원의 설정을 통해서 추가 구매 점수를 쌓을 수 있습니다. 또한 크로스 셀링과 업셀링도 가능한 영역이기 때문에 추가 상품은 잘 활용해주시는 것이 좋으며, 스마트스토어를 이용하는 많은 판매자가 이 추가 상품을 활용해서 묶음 상품/기획전 구성으로 스마트스토어를 운영하는 모습을 심심찮게 볼 수 있습니다.

▲ 구매혜택 조건 설정

네이버 쇼핑 SEO에서 가장 중요한 것은 단연 多판매와 多리뷰입니다. 그래서 많은 판매자가 가구매나 품앗이를 통해서 판매 점수와 리뷰 점수를 높이는 것입니다. 고객분들께 리뷰 혜택을 제공해서 하나라도 더 많은 리뷰가 생성될 수 있도록 유도하는 것이 중요합니다.

▲ 검색설정 설정

상품명 다음으로 중요한 것이 검색설정입니다. 내가 등록하는 상품과 관련이 있는 키워드를 넣어주시면 되는 공간이며, 이 때도 역시 키워드와 카테고리 매칭이 중요합니다. 또한, 스마트스토어에서는 '추천 태그' 기능을 통해서 다수의 키워드를 관리하고 있습니다. 태그에 키워드를 입력해본 후 추천 태그로 등록되는 키워드들 위주로 키워드를 활용해주시는 것이 좋습니다.

- 원고를 점검하던 23년 4월, 스마트스토어에 공지가 떴습니다.

▲ 출처 : 네이버 스마트스토어 공지사항

23년 5월 17일부로 추천 태그의 기능이 사라진다고 합니다. 물론 이 기능 자체가 완전히 사라지는 것이 아닌 새로운 형태도 업데이트 되어 돌아올 것이라고 합니다. 네이버는 추천 태그 기능을 통해서 다수의 쇼핑 키워드를 직접 관리하고 있으며, 이 기능을 업데이트 할 예정인 것으로 보입니다.

지금까지 간단하게 스마트스토어의 상품을 등록하는 방법에 대해서 설명 드렸습니다. 지금부터는 간단하게 스마트스토어에 적용할 수 있는 한 가지 꼼수를 설명 드리겠습니다.

스마트스토어, 네이버 쇼핑에서 키워드 상위노출에 가장 높은 점수를 받는 트래픽은 무엇일까요? 일단 어떤 트래픽이 있는지 먼저 살펴보도록 하겠습니다.

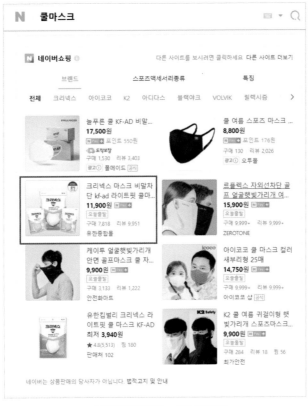

▲ ① 네이버 통합 검색 → 쇼핑 섹션 클릭

▲ ② 네이버 쇼핑 – 키워드 검색 후 클릭

▲ ③ 네이버 내부 플랫폼을 통한 트래픽

▲ ④ 네이버 외부 플랫폼을 통한 트래픽

결과적으로 말씀 드리자면 ①번이 가장 좋습니다. 네이버 통합 검색에서 키워드 검색 후 쇼핑 섹션에 있는 내 상품을 클릭하여 들어오는 트래픽이 특정 키워드의 상위노출을 이끌어 내는 데 가장 유리합니다. 이러한 트래픽을 많이 모을수록 좋습니다. 그래서 품앗이를 하는 분들을 보면, "○○ 키워드 검색해서 몇 등 상품 클릭해주세요" 하는 경우를 심심찮게 볼 수 있습니다.

그리고, 이 링크를 인위적으로 생성하는 방법이 있습니다(필자는 이 링크를 cr2링크 또는 cr2 트래픽이라고 부르고 있습니다). 키워드를 검색해서 클릭하는 번거로운 작업을 하지 않더라도 링크 하나만 클릭해도 네이버에서 키워드 검색 후 클릭한 것으로 인지하게 만드는 방법이 있습니다. 네이버에 키워드를 검색한 후 내 상품 위에 마우스 커서를 올리고 오른쪽 마우스 클릭, 〈링크 주소 복사〉 버튼을 눌러주시면 됩니다. 누군가 이 링크를 클릭하면 키워드를 검색한 후 해당 제품을 클릭한 것으로 인지가 됩니다.

하지만, 이 방법은 어뷰징으로 판단이 될 가능성이 있는 방법이니 자주 사용하지는 마시기 바랍니다. 필자는 이 링크를 페이스북과 인스타그램 스폰서 광고와 결합하여 사용하는 편입니다.

7-2. 쇼핑 SEO, 네이버 공식 문서 파헤치기!

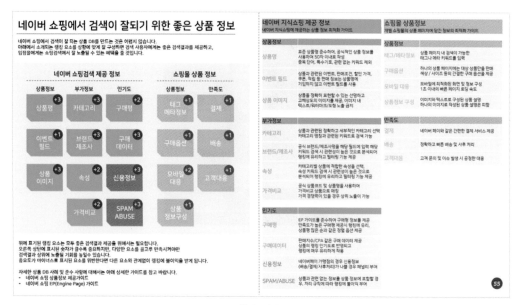

▲ 출처 : 아이보스

네이버에서 제공하는 공식 문서입니다. 〈네이버 쇼핑에서 검색이 잘되기 위한 좋은 상품 정보〉 라고 검색하면 관련 문서를 볼 수 있으며, 아래 링크를 통해서도 확인하실 수 있습니다.

- http://join.shopping.naver.com/misc/download/shopping_product_info_
  provide_guide.nhn

기본적으로 스마트스토어를 운영할 경우에는 네이버 쇼핑에 최적화된 SEO 구성이 어느 정도 되어 있음은 물론, 스마트스토어에서 안내하는 상품 등록 방식에 따라 상품을 등록하기만 해도 SEO가 자동으로 적용이 됩니다. 지금부터는 네이버에서 제공하는 공식 데이터와 함께 필자 노하우를 곁들인 추가 설명을 안내해드리겠습니다.

01. 상품명(+3)

"표준 상품명 준수하여, 공식적인 상품 정보를 사용하여 50자 이내로 작성. 중복 단어, 특수 기호, 관련 없는 키워드 제외" 라고 적혀 있습니다.

표준 상품명이란 불필요한 키워드와 할인 정보, 상품 구성 등은 제외한 간결한 상품의 제목을 의미합니다. 위에서 언급했듯이 중복단어는 3번 이하까지. 특수 기호는 사용하지 않는 것이 좋으며, 최초 등록 상품명은 30자를 넘기지 않는 것이 좋습니다.

02. 이벤트 필드(+1)

"상품과 관련된 이벤트, 판매조건, 할인 가격, 쿠폰, 적립 등 판매 정보는 상품명에 기입하지 않고 이벤트 필드를 사용"으로 적혀 있습니다.

할인, 쿠폰, 적립 등의 이벤트와 관련된 소식을 이벤트 필드를 활용하여 노출하라는 것을 의미합니다. 또한 네이버 공식 문서에서는 상품명과 더불어 상세 페이지에서 이를 언급하지 않는 것을 권장하고 있습니다만, 상세 페이지(상세 설명)에서 고객의 심리를 자극할 수 있는 이벤트를 빼는 것은 너무 아쉽다는 생각이 듭니다.

이벤트 필드의 경우엔 직접적인 키워드 SEO에 영향을 미친다기 보다는 이벤트 필드를 채워 넣음으로써 전반적인 점수 향상에 도움이 된다고 보는 것이 맞습니다.

03. 상품 이미지(+3)

"상품을 정확히 표현할 수 있는 선명하고 고해상도의 이미지를 제공, 이미지 내 텍스트/워터마크/도형 노출 금지" 라고 적혀 있습니다.

대표 이미지나 서브 이미지, 그리고 상세 설명에 사용하는 이미지/움짤/동영상 파일의 경우 고용량일수록 좋긴 합니다만, 너무 용량이 클 경우 상세 페이지 접속 시 업로드가 늦어질 수 있다는 단점을 가지고 있습니다.

그래서 4MB 정도 되는 용량의 이미지 문서를 여러 개 준비해서 상세 설명에서 활용하는 것을 추천드립니다. 또한, 네이버는 이미지 내 텍스트/워터마크/도형 등 이미지 위에 다른 요소가 얹어지는 것을 별로 좋아하지 않습니다. 특히 대표 이미지의 경우 대표 이미지에 텍스트가 들어갔다는 것만으로 페널티를 받을 수도 있습니다.

대표 이미지의 경우 간혹 가공을 해야 효과가 더 좋은 경우들이 많습니다(대표적으로 클릭율이 더 높을 때). 이런 때는 어쩔 수 없지만 대표 이미지에 텍스트가 얹어진 이미지를 사용하는 것이 맞습니다. 올바른 정석대로 SEO를 하는 것도 중요하지만, 소비자의 눈길을 사로잡고 심리를 이용하는 것도 실력이니까요.

04. 카테고리(+3)

"상품과 관련된 정학하고 세부적인 카테고리 선택. 카테고리 명칭과 관련된 키워드로 검색 가능"이라고 적혀 있습니다. 카테고리에 대한 부분은 매우 중요하죠. 앞에서 '키워드마다 정해진 노출 카테고리가 있다' 라고 여러 번 언급했습니다.

A라는 카테고리를 선택할 경우 내 상품명에 A 키워드를 군이 사용하지 않아도 검색 SEO에 A 키워드를 보유하고 있는 것으로 간주합니다. 세부 카테고리를 선택할수록 키워드의 확장성과 정확성이 높아져 SEO에 도움이 되는 것은 당연한 사실입니다.

05. 브랜드/제조사(+3)

"공식 브랜드/제조사명을 해당 필드에 입력 해당 키워드 검색 시 관련성이 높은 것으로 분석되어 랭킹에 유리하고 필터링 기능 제공" 이라고 적혀 있습니다. 기존에 존재하는 유명 브랜드/제조사, 또는 네이버의 고객 센터를 통해 등록된 브랜드/제조사를 쇼핑 정보에 포함하고 있는 경우 네이버에서 적합성 점수를 더 높게 반영해준다는 의미입니다.

네이버 브랜드/제조사 등록 방법은 아래 링크에 따라 해주시면 됩니다. (출처 : 오픈애즈)

- https://www.openads.co.kr/content/contentDetail?contsId=6660

06. 속성(+2)

"카테고리별 상품에 적합한 속성을 선택, 속성 키워드 검색 시 관련성이 높은 것으로 분석되어 랭킹에 유리하고 필터링 기능 제공"으로 적혀 있습니다. 상품의 속성은 가능한 구체적으로, 많이 선택하는 것이 유리합니다. 속성의 경우 앞으로 네이버의 쇼핑Ai에서 큰 역할을 차지할 부분입니다. 지금도 속성 값에 따라 검색 결과가 필터링이 되기도 하지만, 추후에 네이버가 쇼핑Ai를 더 발전시킬 경우 판매자가 적용한 속성 값을 1차적인 데이터로 검색 유저들에게 필요한 상품을 추천해줄 가능성이 높습니다.

07. 가격비교(+2)

"공식 상품코드 및 상품명을 사용하여 가격비교 상품으로 매칭. 가격 경쟁력이 있을 경우 상위노출이 가능" 이라고 적혀 있습니다.

네이버 쇼핑에서 같은 제품을 판매하는 경우 가격 비교상품에 묶일 가능성이 있습니다. 상품명, 상품 상세 설명, 가격까지 같거나 비슷할 경우엔 가격 비교 상품에 묶일 가능성이 더 커집니다. 가격비교에 묶이는 것은 경우에 따라 좋을 수도, 나쁠 수도 있습니다.

필자는 가격비교의 경우 저의 스마트스토어, 쿠팡, 자사몰 등 다양한 판매 채널에 똑같이 업로드 할 때 활용하는 편입니다. 자사몰의 가격을 가장 저렴하게 설정해서 가격 우위를 통한 상위노출을 만들어 내는 방법입니다. 자사몰의 경우엔 SEO가 어려워서 상위노출을 하기 힘들 수가 있는데, 이러한 한계점을 가격 비교를 활용해서 강제로 올려 버리는 방법이죠.

08. 구매평(+2)

"EP 가이드를 준수하여 구매평 정보를 제공. 만족도가 높은 구매평 제공 시 랭킹 유리, 상품평 많은 순과 같은 정렬 옵션 제공" 네이버 쇼핑의 Engine Page의 가이드에 맞는 구매평 정보를 네이버 쇼핑에 연동한 경우 사이트 내에 쌓인 구매평이 네이버 쇼핑에도 점수가 들어온다는 내용입니다.

기술적인 부분에 대한 내용 없이 설명 드리자면, '많은 구매평과 좋은 구매평'이 많을수록 높은 점수를 반영해준다는 뜻입니다. 구매평의 경우 당연히 구매평이 많을수록, 좋은 구매평이 많을수록 점수가 높은 것은 당연합니다. 또한, 재구매자의 구매평이 굉장히 높은 점수를 차지하고 있어 네이버에서 관련도 순으로 구매평이 정렬이 될 경우 재구매자의 구매평이 상단에 노출이 될 가능성이 높습니다.

09. 신용정보(−3)

"네이버페이 가맹점의 경우 신용정보(배송/결제/사후처리)가 나쁠 경우 페널티 부여" 라고 적혀 있습니다.

네이버의 시스템을 이용하면서 동시에 네이버의 고객을 불편하게 만드는 경우 페널티를 부과한다는 내용입니다. 스마트스토어의 경우엔 판매 페널티가 존재해서 내 스토어의 마이너스 점수를 확인할 수 있습니다.

10. spam/abuse(−3)

"상품과 관련이 없는 정보를 상품 정보에 포함할 경우 처리 규칙에 따라 랭킹에 불이익 부여" 라고 적혀 있습니다.

상품과 관련이 없는 키워드나 콘텐츠를 사용할 경우 불이익을 준다는 내용입니다. 네이버의 검열은 점점 까다로워지고 있고, ai의 발전 기술도 점점 빨라지고 있습니다. 불필요한 정보(스팸/어뷰징)를 통해서 상위노출을 공략하려는 꼼수는 더 이상 먹히지 않습니다.

11. 태그/메타 정보(+1)

"상품 페이지 내 검색이 가능한 태그나 메타 키워드를 입력" 이라고 적혀 있습니다.

스마트스토어에서는 태그, 외부 자사몰이나 타 연동 쇼핑몰에서는 메타 정보라고 표현합니다. 태그와 메타 정보에 대해서 네이버는 판매자가 등록한 상품 정보를 토대로 자동으로 태그와 메타 정보를 추출한다고 합니다. 하지만, 판매자가 직접 태그와 메타 정보를 넣어서 네이버가 자동으로 태그와 메타 정보를 추출하기 이전에 데이터를 직접 입력시킬 수 있습니다. 태그의 경우 네이버에 등록된 태그 사전에 있는 키워드를 사용할 것을 권장하고 있으며, 이는 네이버Ai가 키워드를 분류하는 1차적인 기준이 되지 않을까 생각합니다.

또한, '하늘하늘 원피스', '발랄한 프렌치룩' 등의 감성 태그, 형용사 표현을 많이 사용할 것을 권장하는데, 이는 상품에 대해 느끼는 사람의 감성을 쇼핑Ai에 적용시키기 위함이 아닌가 합니다.

12. 구매옵션(+1)

"하나의 상품 페이지에는 대상 상품만을 판매. 색상/사이즈 등의 간결한 구매 옵션을 제공"이라고 적혀 있습니다.

여기서 중요한 포인트는 '하나의 상품 페이지에는 대상 상품만을 판매' 입니다. 하나의 상품 페이지에는 하나의 상품만 팔아야 하며, 간단한 옵션만을 제공해야 한다는 것이 네이버의 원칙입니다. 간결한 상품과 간결한 옵션을 활용하면 추가 점수를 부여해준다는 내용이지만, 기획전처럼 상품을 등록하여 많은 노출과 많은 구매평을 유도해서 판매하는 판매자를 쉽게 찾아볼 수 있습니다.

무조건 SEO 가이드에 따를 필요는 없습니다. 경우에 따라서는 약간의 페널티를 받으면서 다른 전략을 취하는 것이 쇼핑 상위노출에 더 도움이 될 수도 있습니다.

13. 모바일 대응(+2)

"모바일에 최적화된 화면 및 정보 구성. 1초 이내의 빠른 페이지 로딩 속도"라고 적혀 있습니다.

모바일에서도 스토어를 쉽게 볼 수 있는지, 빠른 속도로 쇼핑을 할 수 있는지 판단하는 부분입니다. 요즘은 모바일 최적화를 넘어 모바일 퍼스트 세팅이기 때문에 네이버 쇼핑과 연동되는 거의 모든 사이트가 모바일 대응에 확실합니다.

14. 상품 정보 구성(+1)

"이미지와 텍스트로 구성된 상품 설명. 하나의 이미지로 작성된 상품 설명은 피함"이라고 적혀 있습니다.

네이버는 상품 정보를 입력할 때 단순히 이미지 1장(원페이지 이미지)를 사용하는 것 보다는 블로그처럼 '이미지+텍스트' 형태의 구성을 좋아합니다. 블로그 형태의 구성을 활용할 경우 네이버의 상품 정보 구성 정보도 +@가 되며, 내가 노출하고자 하는 키워드를 더 많이 사용할 수 있기 때문에 네이버 쇼핑 SEO 관점에서도 나쁠 것이 전혀 없습니다.

15. 결제(+1)

"네이버 페이와 같은 간편한 결제 서비스 제공"이라고 적혀 있습니다.

고객들이 결제 단계에서 이탈하지 않도록 쉬운 결제 서비스를 적용하고 있는지에 대한 판단 여부입니다. 네이버 쇼핑의 경우 '네이버 페이' 연동이 되어 있으면 쇼핑 점수에 +@가 되는 경향을 보이고 있습니다.

16. 배송(+1)

"정확하고 빠른 배송 및 사후처리"라고 적혀 있습니다.

CS에 대한 부분을 이야기하는 것입니다. 사실 +@가 된다는 느낌 보다는 배송을 제대로 관리하지 못하면 페널티를 받는 부분이 훨씬 크다고 생각합니다.

17. 고객 대응(+1)

"고객 문의 및 이슈 발생 시 공정한 대응"

고객의 문의에 대해서 얼마나 빠르게, 그리고 얼마나 친절하게 대응을 하는가에 대한 내용입니다.

7-3. 네이버 쇼핑 SEO는 결국 습관이 만들어 냅니다.

지금까지 기술적인 부분에 대한 '쇼핑 SEO'에 대해서 이야기했습니다. 이번 목차에서는 제가 생각하는 진짜 네이버 쇼핑 SEO, 상위노출 노하우에 대해서 이야기해볼까 합니다.

01. 재구매

▲ 스마트스토어 통계 〉 재구매 통계

한 명의 고객이 주기적으로, 자주, 여러 번 구매하면 굉장히 높은 점수를 부여해줍니다. 스마트스토어의 리뷰의 경우 여러 번 구매한 구매자의 리뷰가 최상단에 뜨는 것을 확인할 수 있습니다. 또한, 스마트스토어 통계 중 재구매 통계도 있습니다. 네이버가 재구매 고객들에 대해 얼마나 많이 신경 쓰는지를 알 수 있습니다.

사실, 스마트스토어에서는 재구매를 유도하기가 쉽지 않습니다. 왜냐하면 스마트스토어를 통해서 구매하는 구매자의 대부분은 네이버 쇼핑 검색을 통해서 구매하는 경우이며, 이들 중 거의 모든 고객분들이 "네이버로 구매했어요"라고 하면서 우리 브랜드나 스토어의 이름은 알지 못합니다. 즉, 내 쇼핑몰에서 구매했다 라는 느낌 보다는 네이버에서 구매했다 라는 느낌이 강합니다. 그러다 보니 재구매로의 연결이 쉽지 않습니다.

이를 해결하기 위해서 스마트스토어 판매자라면 내 스토어나 브랜드가 최대한 많이 노출될 수 있도록, 고객의 기억 속에 우리 브랜드나 스토어가 기억이 될 수 있도록 마케팅 전략을 수립하는 것이 좋습니다.

02. 체류 시간

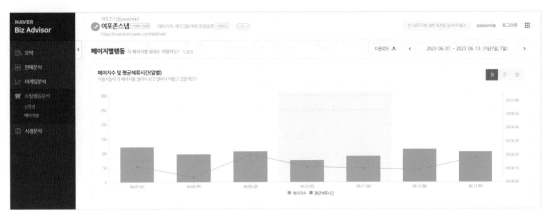

▲ 네이버 비즈어드바이저 〉 사이트 방문 체류 시간

스토어와 상세 페이지에 머무는 체류 시간이 길수록 높은 점수를 받게 됩니다. 그래서 상세 페이지는 너무 간단한 구성을 가져가기 보다는 볼거리를 제공해주어서 1초라도 더 머물도록 만드는 것이 좋습니다. 저 같은 경우엔 '움짤'을 많이 활용하는 편입니다. 상세 페이지의 최상단을 비롯하여 유저들이 스크롤을 내리다가 지루해질 때쯤 새로운 움짤을 보여주어서 조금이라도 더 오랜 시간 머물 수 있도록 유도하는 것입니다.

하지만, 체류 시간이 과하게 길다는 것은 고객이 구매를 망설인다는 의미가 될 수도 있습니다. 체류 시간을 높이는 것은 SEO 관점에서 좋은 방향이지만, 고객의 구매 결정에 있어서는 좋은 방향이 아닐 수 있습니다. 판매자에게 가장 좋은 것은 구매자가 사이트로 방문하자마자 결제하는 것이 가장 좋으니까요.

03. Cr2 링크 활용

네이버 쇼핑에서 특정 키워드를 검색하고 내 쇼핑몰이나 스마트스토어로 유입하게 만드는 트래픽 링크를 Cr2 링크라고 합니다. 자칫 잘못 사용하면 어뷰징으로 간주가 되어 점수가 떨어질 수 있지만, 잘 활용하면 이보다 상위노출을 쉽게 만드는 방법은 없다고 생각합니다. 페이스북이나 인스타그램의 스폰서 광고, 또는 많은 클릭을 유도해낼 수 있는 광고를 활용할 줄 안다면 Cr2 링크를 적극적으로 활용해보시는 것을 추천 드립니다.

04. CRM, 고객 관리

▲ 솔라피

네이버 쇼핑의 가장 큰 문제점은 고객이 우리 브랜드를 기억하지 못한다는 점입니다. '네이버 쇼핑'에서 구매했다고 생각하지 어떤 브랜드에서 구매했다고 생각하지 않습니다. 그래서 브랜딩과 재구매 유도가 꽁장히 어려운 편입니다. 그렇기 때문에 네이버 쇼핑을 이용할 경우에는 네이버 톡톡, 문자/카카오톡, 전화 등을 적극적으로 활용해서 CRM/고객 관리에 신경 써 주셔야 합니다.

고객님께서 구매해주셨을 때 감사 인사, 배송이 완료되었을 때 배송 확인 인사, 구매 확정 요청 인사, A/S 관련 인사 등 고객분들과 접점을 만들 수 있는 포인트가 있다면 가능한 많이 만들어서 브랜드의 노출과 더불어 CS, CRM 관리에 신경을 써 주시면 좋습니다. 필자 같은 경우엔 솔라피와 연동할 수 있는 자동화 프로그램을 이용해서 관리를 하고 있습니다.

05. 마케팅

사실 네이버 쇼핑 상위노출은 마케팅 싸움이라고도 말씀을 드리고 싶습니다. SEO를 아무리 잘 했다고 한들 마케팅을 잘 해서 많이 판매하는 업체를 이기는 것은 힘든 것이 사실입니다. 제가 개인적으로 추천드리고 싶은 마케팅은, 가장 우선적으로, 검색광고와 쇼핑 검색광고, 네이버 블로그 체험단 및 블로그 운영. 그리고 페이스북과 인스타그램 스폰서 광고, 네이버 GFA 광고도 네이버 스마트스토어 및 네이버 쇼핑과 궁합이 잘 맞는 광고 시스템입니다.

7-4. 네이버 쇼핑 상위노출 프로세스

내 상품을 제일 먼저, 네이버 쇼핑 상위노출 하기
네이버쇼핑 핵심 3요소를 통해 상위노출 준비하기

조영빈 강사

상위노출 핵심 3요소

상품명
> 표준 상품명을 준수하여 공식적인 상품 정보를 사용하여 50자 이내로 작성.
> 중복 단어, 특수 기호, 관련 없는 키워드 제외
> *키워드

카테고리
> 상품과 관련된 정확하고, 세부적인 카테고리를 선택.
> 카테고리 명칭과 관련된 키워드로 검색 가능
> *키워드 매칭, 네이버 AI

인기도
> 만족도가 높은 구매평 제공 시 랭킹에 유리.
> 판매 지수같은 구매 데이터 제공 시 상품의 랭킹 인기도로 반영
> *트래픽, 체류시간, 만족도

네이버 쇼핑 상위노출
네이버쇼핑 상위노출 요소

조영빈 강사

상위노출 핵심 3요소

상품명
> 30자를 넘기지 않는 것과 키워드 중복이 발생하지 않는 것이 좋으며,
> 키워드 조합을 통해 다양한 키워드를 노출 시키는 전략이 필요하다.

카테고리
> 상품명에 사용할 키워드를 미리 검색하여
> 카테고리 상황을 분석한 후, 키워드와 카테고리를 조합하여 사용한다.
> 카테고리 명칭이 상품명에 들어가면 상위노출에 유리하다.

인기도
> 스토어팜 최고의 랭킹 반영 1순위 요소는 多구매, 多평가
> 많은 구매 전환을 위한 트래픽과 많은 리뷰를 남기기 위한 CRM은
> 스토어팜의 기본

🔺 네이버 쇼핑 상위노출에서 가장 중요한 3가지

네이버 쇼핑에서 상위노출을 하기 위해선 상품명 세팅에 가장 신경을 많이 써주셔야 합니다. 네이버가 권장하는 내용대로 상품명을 정하되, 같은 카테고리에 있는 키워드끼리 잘 조합해서 상품명을 구성해 주셔야 합니다.

또한, 많이 판매하고 좋은 리뷰도 많이 쌓이도록 만드는 것이 네이버 상위노출을 만드는 데 가장 확실한 방법이니 초반에 상품등록과 함께 기초를 탄탄하게 다지고 마케팅 활동을 통해 많은 판매를 이끌어 낼 수 있도록 해주시는 것이 좋습니다.

▲ 상위노출 프로세스

지금까지 좋은 키워드를 찾는 방법, 키워드와 카테고리를 매칭하여 상품명을 정하는 방법에 대해서 설명 드렸습니다. 이론상 상위노출은 매우 간단한 구조를 가지고 있습니다만 막상 실무에 적용하려면 정말 어렵습니다. 일단 어떤 키워드로 진입하는 것이 좋을지에 대한 판단을 하기가 어렵습니다. 그래서 보통은 경쟁지수를 보고 판단을 하는데, 사실 요즘은 경쟁지수가 좋은 키워드를 찾는 것 자체가 힘듭니다. 많은 키워드를 보고, 많은 상품을 등록하고, 모니터링을 많이 하면서 감각을 키워내는 것이 SEO의 기초라고 생각합니다. '좋은 키워드를 보는 눈'은 수치적인 데이터도 중요하지만 감적인 부분도 매우 중요하거든요.

추가로, 경쟁 스토어와 같은 조건의 SEO/마케팅 활동을 한다고 가정한다면 어떤 세부 사항에 따라 상위노출의 순위가 달라질 수 있는지에 대해서 설명 드리도록 하겠습니다.

01. 유입당 결제율

▲ 네이버 비즈어드바이저 〉 시장분석 〉 벤치마크

유입당 결제율은 우리 스토어로 방문한 유저 중 구매자의 비율을 나타냅니다. 네이버 비즈어드바이저와 (구)네이버 애널리틱스에서는 벤치마크 형태로 경쟁사의 평균 유입당 결제율과 우리 사이트의 유입당 결제율을 함께 보여주고 있습니다. 우리 브랜드가 속해 있는 카테고리의 평균적인 결제율을 알 수도 있고, 우리 브랜드의 평균 이상/이하를 판단할 수도 있습니다.

유입당 결제율을 높이기 위해서는 좋은 퀄리티의 트래픽과 높은 전환율을 쌓아야 합니다. 좋은 퀄리티의 트래픽은 어뷰징이 아닌 깨끗한 트래픽으로부터 발생하는 유입/광고 마케팅 활동을 의미하며, 높은 전환율은 상세 페이지와 고객 혜택 부분을 통해서 높일 수 있습니다.

우리 사이트에 방문자가 무작정 많이 방문했다고 좋은 것이 아닙니다. 좋은 퀄리티의 트래픽이 꾸준히 쌓여야 네이버에서 좋은 점수로 인정을 해줍니다. 체류시간과 전환율이 높은 트래픽을 모을 수 있는 광고 플랫폼을 적극적으로 활용하시는 것이 좋습니다.

또한, 상세 페이지와 쿠폰/프로모션과 같은 고객 혜택 부분도 전환율에서 많은 부분을 차지하기 때문에 신경 써서 관리해주시는 것이 좋습니다.

02. 체류 시간

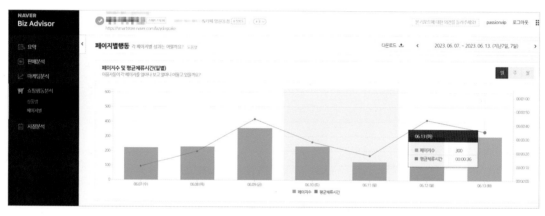

▲ 네이버 비즈 어드바이저 〉 쇼핑 행동분석〉 페이지별

우리 사이트에 머무는 체류시간 역시 길수록 좋습니다. 볼거리가 많은 사이트일수록 좋은 사이트라고 네이버는 판단합니다. 이를 위해서 저는 움짤의 적극적인 활용과 더불어 사이트 내 상품 구성을 잘 잡아 놓는 것을 추천 드립니다. 업셀링과 크로스 셀링을 할 수 있는 상품 구성을 통해서 사이트 내 매출을 높이는 전략과 더불어 고객이 사이트에서 더 오랫동안 머무를 수 있게끔 만드는 전략입니다.

03. 재방문&재구매

재방문과 재구매도 네이버에서 높은 점수를 주는 부분 중에 하나입니다. 그렇기 때문에 재방문과 재구매 유도를 신경쓰는 것이 좋습니다. 가장 좋은 방법 중에 하나는 소비재 상품을 판매하는 것으로, 주기적으로 구매해야만 하는 제품을 판매하는 것입니다. 또한, 카카오톡 플러스친구, 네이버 톡톡, 문자 메시지 등을 잘 활용해서 고객 CRM 마케팅을 시스템화 하는 것도 좋은 방법입니다. 최근에는 마케팅 자동화 프로그램들이 많이 나와서 CRM 관리를 자동으로 관리할 수 있습니다. 저는 문자 메시지와 에어 테이블, CRM 자동화 프로그램을 활용해서 고객 관리를 하고 있습니다. CRM 자동화 부분은 이번 책에서 설명드리진 못했시만, 제 블로그와 강의를 통해서 자세한 내용을 확인하실 수 있습니다.

조영빈 강사 블로그 링크

- https://blog.naver.com/passionvip

네이버 마케팅만큼은 그 누구보다 자신이 있었습니다. 오랜 시간 네이버라는 플랫폼을 이용하고 다뤄왔으며, 마케팅을 꾸준히 진행해 왔기 때문입니다. 하지만, 제 지식을 텍스트로 만들고 제 책을 읽어주실 독자분들께 전하기 위한 내용으로 구성한다는 것이 쉽지 않다는 것을 이번 책을 만들면서 새삼 느끼게 됩니다. 사실 네이버 마케팅은 정말 간단하게 표현하자면 "네이버가 싫어하는 것만 안 하면 된다"라는 생각을 가지고 있습니다. 꾸준히, 약간의 노하우만 가지고도 충분히 좋은 결과를 만들어낼 수 있는 채널이기 때문입니다. 특히 네이버 블로그, 지도, 쇼핑의 경우엔 약간의 노하우와 성실함만 있으면 누구나 상위노출을 가져갈 수 있습니다. 지금껏 수 많은 광고주와 수강생을 만나면서 정말 많은 키워드의 상위노출을 직/간접적으로 경험했습니다. 그러면서 느낀 점은 네이버는 정직하게, 천천히 작업을 해야 한다는 점입니다. 어뷰징을 통해서 상위노출을 만들어 내는 건 쉽습니다. 하지만, 어뷰징을 통해 끌어 올린 상위노출은 금방 내려갑니다. SEO의 힘은 '시간'에 있습니다. 꾸준함이 뒷받침 되었을 때 후에 빛을 볼 수 있으며, 오랜 시간 그 힘을 끌고 나갈 수 있습니다.

물론 견디기 힘들 겁니다. 경쟁사는 상위노출을 번번히 하는 모습을 지켜보며 내걸 하나씩 키워나간다는 게 얼마나 고통스러운 시간인지 필자도 잘 압니다. 하지만 인고의 시간을 견뎌야만 합니다. 이 책은 인고의 시간을 최대한 짧게 줄이기 위해서 만들어졌습니다. 어뷰징 없이 정직하게 내 채널을 만들어서 활용하고자 하는 분들을 위한 책입니다. 부디 이 책이 금처럼 소중한 여러분들의 시간을 아껴줄 수 있기를 바랍니다.

문의사항이 있으시다면 카톡 @조영빈 강사로 문의 부탁드립니다.

조영빈 강사 드림.

키워드로 시작해서 키워드로 끝내는 네이버 SEO 가이드

상위노출 비법

1판 1쇄 인쇄 2023년 9월 20일
1판 1쇄 발행 2023년 9월 25일
—

지 은 이 조영빈
발 행 인 이미옥
발 행 처 디지털북스
정   가 20,000원
등 록 일 1999년 9월 3일
등록번호 220-90-18139
주   소 (04997) 서울 광진구 능동로 281-1 5층 (군자동 1-4, 고려빌딩)
전화번호 (02)447-3157~8
팩스번호 (02)447-3159
—
ISBN 978-89-6088-434-2 (93000)
D-23-11
Copyright © 2023 Digital Books Publishing Co., Ltd

DIGITAL BOOKS
디지털북스